DESCRIPTIONS

DES ARTS

ET MÉTIERS.

DESCRIPTIONS

DES ARTS

ET MÉTIERS,

FAITES OU APPROUVÉES

PAR MESSIEURS

DE L'ACADÉMIE ROYALE

DES SCIENCES.

AVEC FIGURES EN TAILLE-DOUCE.

A PARIS,

Chez { SAILLANT & NYON, rue S. Jean de Beauvais;
DESAINT, rue du Foin Saint Jacques.

M. DCC. LXI.

Avec Approbation & Privilége du Roi.

L'ART

DU

BRODEUR.

Par M. de Saint-Aubin, Dessinateur du Roi.

M. DCC. LXX.

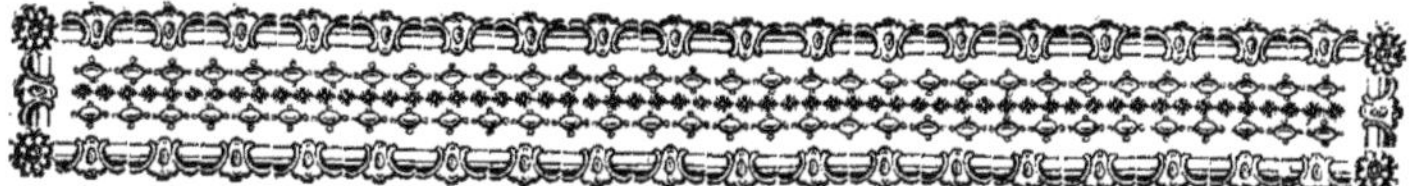

L'ART
DU BRODEUR.

INTRODUCTION.

C E seroit une partie d'histoire longue & curieuse, que celle des progrès & des variations du Luxe chez les différentes Nations ; il suffit, je pense, pour l'objet présent, de rechercher l'origine de la Broderie : les Livres Saints & l'Histoire me la présentent plus ancienne que la Peinture, avec laquelle elle a plusieurs rapports. Il paroît que c'est en Asie, où la Broderie a pris naissance. Attalus, Roi de Pergame, fut un des premiers qui ajouta l'or aux étoffes.

La Broderie s'est long-temps appellée du nom des Phrygiens (*Phrygies*), apparemment parce qu'ils excelloient dans cet Art.

Les Grecs l'ont beaucoup cultivée ; quelques-unes de leurs Loix somptuaires en font foi (*a*).

Des Grecs, la Broderie, comme les autres Arts, est passée aux Romains (*b*), & des Romains elle nous est parvenue.

Cet Art a sans doute reçu de grands secours de la Sculpture pour les formes, & de la Peinture pour la dégradation des couleurs.

Chez les premiers Romains, la Broderie consistoit en des bandes d'étoffe découpée, dont on chamarroit la bordure des habits (*c*) ; ensuite vint l'imitation de la feuille d'Acanthe, dont on forma des rinceaux ; puis petit à petit on a cherché à imiter tous les objets que présentent l'Art & la Nature.

Cet Art par sa magnificence & par son prix, fut long-temps réservé pour les Temples, les Rois & les Pontifes : on en enrichissoit la bordure des man-

---

(*a*) Diodore de Sicile, nous dit que Zaleuque, Législateur des Locriens, ne permit la Broderie qu'aux femmes qui vouloient faire commerce de leurs charmes.

(*b*) Denys d'Halicarnasse cite Tarquin l'ancien, comme le premier qui parut dans Rome vêtu d'une Robbe brodée d'or.

(*c*) Les premieres Broderies chez les Romains, n'étoient que des bandes d'étoffe, découpées & cordonnées, dont on chamarroit les habits ; les plus modestes n'en mettoient qu'une bande, d'autres deux, trois, quatre, & jusqu'à sept, dont ces habits prenoient leurs noms, toujours tirés de la Langue Grecque ; *Molores, Dilores, Trilores, Tetralores, Pentalores, Exlores, Eptalores.* Sous Constantin toutes les Robbes étoient Eptalores, c'est-à-dire à sept bandes, comme les falbalas de nos Dames.

teaux de Byssus, & de cette précieuse Pourpre dont il ne nous reste guere que la description.

Envain les Loix somptuaires dans différentes circonstances, en défendirent-elles l'usage; le luxe & l'industrie l'ont toujours étendue & fait reparoître sous mille formes différentes (*a*).

Définition de la Broderie.

BRODER est l'art d'ajouter à la surface d'une étoffe déja fabriquée & finie, la représentation de tel objet qu'on le desire, à plat ou de relief; en or, argent ou nuances.

Il n'est guere de Nations qui ne brodent avec les différentes matieres que produit leur climat.

Les Chinois (*b*) patients & laborieux, brodent en soie plate, soie torse, & l'écorce d'arbre filée, d'une régularité qui n'a point d'égale; les différents sens dont ils conduisent leur soie, l'extrême propreté & le soin avec lequel ils travaillent, conservent tout le luisant & la fraîcheur de leurs nuances. Ils liserent souvent leur Broderie d'un papier doré & filé sur soie, qu'eux seuls savent faire. Il n'y a point de pays où l'on travaille si proprement, si abondamment, ni à si bon marché. Je ne sais si l'on peut placer au rang de leur Broderie des bouquets, vases & figures de cordonnets, artistement collés près les uns des autres, en toutes nuances sur du papier très-fin; mais j'ai l'expérience qu'on en peut tirer un bon parti, en rabattant ou attachant ces sujets sur étoffe avec une soie très-fine, après avoir arraché le superflu du papier. Ces fleurs, dont les nuances sont très-vives, sont sur-tout propres à orner des Ecrans, Tapisseries ou petits meubles; en Robes, les cordonnets sont sujets à se décoller au brouillard & à tout air humide.

Les Chinois nous envoient encore des fleurs de mousseline en relief, gaudronnées au fer, très-bien colorées, qu'on emploie avec le même succès que les fleurs d'Italie pour les Jupes de Cour.

Les Indiens excellent à broder avec le coton filé, sur mousseline; ils emploient sur gaze, des joncs, cuirasses d'insectes, ongles & griffes d'animaux, des noyaux & fruits secs, & sur-tout des plumes d'oiseaux : ils entremêlent les couleurs sans harmonie comme sans goût; ce n'est qu'une espece de mosaïque bizarre, qui n'annonce aucune intention, & ne représente aucun objet.

Quelques femmes du Canada brodent avec leurs cheveux & autres poils d'animaux; elles représentent assez bien les ramifications des Agates herborisées

---

(*a*) En France, la Broderie succede aux fourrures sous Philippe le-Bel. Loi de 1315, qui défend la Broderie, excepté pour les Princes du Sang Royal. Henri II. permet seulement les bordures d'habits brodées en soie.

Louis XIII. & Louis XIV, ont rendu nombre d'Edits pour arrêter le luxe, & nommément la Broderie.

(*b*) *Voyez* le Pere du Halde.

& de plufieurs plantes : elles infinuent dans leurs ouvrages des peaux de Serpents coupées par lanieres, des morceaux de fourrure patiemment raccordés. Si leur Broderie n'eft pas fi éclatante que celle des Chinois, elle n'eft pas moins induftrieufe.

Les filles Negres du Sénégal, avant de fe marier, fe font broder la peau de différentes figures de fleurs & d'animaux de toutes couleurs (*a*).

Les Georgiennes & les femmes Turques, réuffiffent merveilleufement à broder fur la gaze la plus légere, fur le crêpe & fur les étoffes les plus déliées : elles emploient l'or filé avec une délicateffe prefque inconcevable ; elles repréfentent les objets les plus mignons fur maroquin, fans altérer les formes ni écorcher l'or le plus fin, par un procédé qui nous eft abfolument inconnu. Elles ornent quelquefois leurs Broderies de pieces de monnoies des différentes Nations, & les Voyageurs inftruits ont fouvent trouvé dans leurs vieilles nippes, des médailles précieufes & intéreffantes (*b*).

Les Saxonnes imitent affez bien les deffins des plus belles dentelles ; leur Broderie en fil plat fur mouffeline, eft la plus délicate & la plus correcte que nous connoiffions dans ce genre.

Les Broderies de Venife & de Milan, ont long-temps été célebres par leur nuance & leur propreté ; leur exceffive cherté en a plufieurs fois fait défendre l'ufage (*c*).

Les Allemands (& fur-tout à Vienne) font à préfent les feuls qui le difputent à la France, pour la légéreté & l'intelligence du coloris.

Depuis environ deux ans, les Fabriquants d'étoffes de Lyon, enrichiffent leurs belles nuances de compartiments de paillettes & paillons, qu'ils font broder dans leurs Fabriques ; ils marient avec beaucoup d'intelligence les chefs-d'œuvres de la navette à ceux de l'aiguille : ils viennent de faire des étoffes à fix cens francs l'aune pour habits d'homme ; & l'on n'eft plus effrayé de ce prix exceffif.

Prefque toutes les matieres peuvent être employées en Broderie ; l'or, les fourrures, les perles, le burgos, la marcaffite taillée, les pierres précieufes, le diamant même : l'induftrie & la vanité des hommes met toute la Nature à contribution ; mais ces chofes, toutes précieufes qu'elles font, n'ont d'agrément qu'autant qu'elles font bien mifes en place : diftribuées avec goût, leur effet augmente : de la cadence dans les formes, de juftes oppofitions du grand au petit, du fort au foible, du doux au coloré, fur-tout des vuides & des repos ; en un mot une imitation choifie de la Nature, & les principes généraux à tous les Arts.

(*a*) *Voyez* Bomarre, article *Pierre d fard*, & M. de Buffon, Tome 5, *page* 131.
(*b*) *Voyez* le Dictionnaire du Commerce, art. *Compagnie de Gênes.*

(*c*) *Voyez* le Commiffaire Lamarre, au Traité de la Police.

Je ne ferois pas Deffinateur, que je foutiendrois (& il ne me feroit pas diffi-
cile de le prouver) , que le Deffin eft la bafe & le fondement de la Broderie.
Il détermine les formes & la belle diftribution ; il donne de l'harmonie, regle
les proportions, ajoute un nouveau mérite à l'ouvrage, par l'économie des différentes matieres, & l'oppofition ou le mélange des différents procédés.

Il faut donc que le Deffinateur joigne à fon talent, la connoiffance des détails & des difficultés de la Broderie, pour fe conformer aux poffibilités de l'exécution ; comme il feroit à defirer que les Ouvriers euffent au moins les premiers éléments du Deffin, pour ne pas corrompre les formes & les emmanchements, ainfi qu'il arrive trop fréquemment. Je le répete, le Deffin eft l'ame de
la Broderie, & c'eft par le Deffin que péchent les ouvrages de la plupart des
Nations dont je viens de parler.

Nous autres François, qui portons l'attention la plus réfléchie fur ce qui
a quelque rapport au luxe, il eft étonnant le parti que nous tirons des décou-
vertes faites par les autres Nations, en les variant, les améliorant & les adap-
tant de la maniere la plus agréable à de nouveaux ufages : il fuffit pour s'en con-
vaincre, de voir les chefs-d'œuvres que renferme le Garde-meuble du Roi, &
le concours des Etrangers pour avoir de nos Broderies, féduits apparemment par
la nouveauté des matieres, la variété des deffins & la beauté de l'exécution ; ils
préferent dans les occafions de magnificence, nos productions à l'éclat ou la
délicateffe des leurs.

Etat des Brodeurs à Paris.

Le Corps des Brodeurs, qui n'étoit d'abord qu'une Confrairie fous l'invocation de Saint-Clair, fut réuni en Communauté en l'an 1272, par Etienne Boi-
leau, Prévôt de Paris, fous les noms de *Brodeurs*, *Découpeurs*, *Egratigneurs*,
Chafubliers. Leurs Statuts ont varié fuivant les modes & les circonftances ; les
derniers font de l'an 1719. Une particularité de ces Statuts eft, qu'il n'eft per-
mis aux Brodeurs de fe faire aider que par des fils ou filles de Maîtres. Cette
regle imaginée pour qu'ils fuffent tous employés de préférence, n'empêche plus
qu'on ne fe ferve très-fouvent d'ouvriers fans qualités, ou de ceux qui logent
dans les lieux privilégiés ; alors les Entrepreneurs font obligés d'aller eux-mêmes retirer leur ouvrage quand il eft fini, autrement les Jurés pourroient le faifir
en route. Il eft encore défendu d'employer dans un même morceau de Broderie,
partie d'or ou d'argent fin, & partie d'or ou d'argent faux, il faut tout un ou
tout autre. Plufieurs autres bons Réglements n'empêchent pas que de temps en
temps il ne fe gliffe quelque fraude qu'on n'a pas fu prévoir.

Il y a en outre huit Priviléges de Brodeurs, indépendants de la Communauté, & feulement du reffort de la Prévôté de l'Hôtel, avec titre de Brodeurs
du Roi fuivant la Cour ; plus, deux Brodeurs du Roi, en charges particulieres,

pour

pour les Ouvrages de la Couronne. Ces Brodeurs du Roi ont droit, quand leurs entreprifes font très-preffées, de faire enlever par des Hoquetons les Ouvriers qui leur conviennent chez les Maîtres.

Préparation pour Broder.

QUAND un Brodeur eſt appellé pour broder un meuble quelconque, il ſe fait donner les meſures ou patrons de ce qu'on projette, par l'Architecte, le Tapiſſier, le Sellier, &c ; il fait faire ſes deſſins au ſimple trait ou coloriés, ſuivant les cas. Quand ces deſſins ont été agréés, il les calque (*a*) au papier huilé (*b*), double ce papier d'un autre qu'on nomme *grand-raiſin*, & les fait piquer enſemble. Si c'eſt un habit d'homme qu'il ait à broder, après avoir fait choiſir à celui qui l'emploie, un bout de deſſin coloré, qu'on appelle *Bord*, il fait faire la taille, la fait piquer en plein ou par retraites. Quand le deſſin eſt tout piqué, même les lignes qui tracent les largeurs ou contours extérieurs des patrons, on le poſe ſur l'étoffe qu'on veut broder, en obſervant de bien faire rencontrer l'un ſur l'autre les angles du deſſin & ceux de l'étoffe ; puis avec une poncette, on frotte toute la ſurface du deſſin aux endroits où il eſt piqué, ſans lui donner de ſecouſſes, pour que la plus fine pouſſiere en paſſant au travers des trous piqués, trace le deſſin ſur l'étoffe. Il faut obſerver de bien fixer le deſſin avant de poncer, avec pluſieurs épingles ou des poids un peu lourds, pour l'empêcher de vaciller, autrement les objets pourroient être poncés doubles ; il faudroit les effacer en broſſant légérement avec une vergette, ou battre par l'envers avec une baguette, au riſque de ternir l'étoffe.

Quand le deſſin eſt ſuffiſamment poncé, on enleve bien légérement le papier, pour recommencer la même opération ſur d'autres morceaux d'étoffe ſi le cas l'exige ; puis avec une plume de dinde ou de corbeau, ou même un pinceau trempé dans de l'encre, du bleu d'Inde, ou du blanc de céruſe préparé, on repaſſe ſur tous les traits de la ponçure le plus exactement qu'il eſt poſſible ; il faut que tous les traits ſoient bien liſibles ſans être gros : la correction de l'ouvrage dépend en partie de cette opération. Il faut bien prendre garde de ne rien oublier : la ponçure fait ſouvent illuſion ; ſi elle étoit un peu brouillée ou trop chargée de charbon, il faudroit ſouffler légérement deſſus à meſure qu'on deſſine, pour en chaſſer le ſuperflu : ce procédé s'appelle *ordonner*. Quand le morceau d'étoffe eſt entiérement ordonné, il faut le broſſer, ou paſſer deſſus une mie de pain raſſis bien émiettée, pour emporter le reſte de la ponçure qui terniroit l'étoffe ou les ſoies en travaillant.

Si l'étoffe eſt d'or en lame, de quelques couleurs qui fatiguent trop la vue, ou bariolée de nuances brunes & claires, on pourra poncer & ordonner le

(*a*) Voyez à la fin le Vocabulaire, pour ce mot & pour tous les autres qui ſont propres à cet Art.
(*b*) Eſpece de papier de Serpente préparé.

deſſin ſur du papier ſerpente verd, qu'on fixera ſur l'étoffe par de petits points de ſoie perdus dans les fleurs ; quand on travaille, ces points ſe trouvent cachés & recouverts par la Broderie : ce qui reſte de papier ſans ouvrage ſe trouve à peu-près découpé par le coup d'aiguille, & s'enleve facilement. Ce procédé garantit les étoffes délicates de la chaleur des mains & de la pouſſiere qui vole dans l'attelier.

On peut encore, quand ce ſont des étoffes riches en lames, & par conſéquent difficiles à recevoir l'encre, les poncer & les deſſiner par l'envers, en faiſant le trait plus nourri ; il perce aſſez au travers de l'étoffe pour conduire le Brodeur, & l'on évite les éclabouſſures qui arrivent trop ſouvent quand il faut gratter la lame de l'étoffe pour la deſſiner.

Il eſt aſſez d'uſage d'ordonner les fonds clairs en encre ou en bleu ; cependant lorſqu'on veut broder en blanc ſur blanc, ſur-tout ſur ſatin, il eſt bien plus propre d'ordonner en blanc, on y voit aſſez, & quelques traits qui reſtent autour des fleurs quand elles ſont brodées, n'apportent aucun dommage à l'ouvrage.

Il y a des morceaux qu'il eſt indifférent d'ordonner ſur la table avant de les tendre, comme Robes de femme, Tapis, & en général toute étoffe qui reſte quarrée ; mais les choſes contournées, comme Houſſes, (*voyez Pl.* 7, *fig.* 2,) Habits d'homme, Ornements d'Egliſe, &c, il eſt plus ſûr de les tendre ſur le métier après en avoir pris la taille & avant de les ordonner. Pour deſſiner les gazes, canevas, marly & autres étoffes claires, il ſuffit de les poſer ſur le deſſin ſans le piquer ; les traits paroiſſent au travers, & l'on peut facilement les tracer à la plume ou au pinceau.

Avant de tendre l'étoffe, il eſt utile d'en border les parties qui n'ont point de liſiere, avec un bon ruban de fil bien couſu, ce qui s'appelle *galonner* ; ce ruban ou galon ſert à réſiſter à l'effort des ficelles qui doivent bander l'étoffe. Quelques Brodeurs ſe contentent d'un point noué d'un pouce d'ouverture en bonne ficelle, ce qui s'appelle *treliſſer* : d'autres enfin ne mettent rien quand ils ont aſſez de marge pour placer leurs ficelles ſans riſquer d'endommager l'étoffe, ou qu'elle rompe en bandant le métier.

Tente du Métier.

Ce n'eſt pas une choſe à négliger que la tente d'un Métier ; il faut ou une grande habitude ou une grande attention pour conſerver quarrément l'étoffe dans ſon droit fil ; les Maîtres laiſſent trop ſouvent cette beſogne à leurs Apprentifs ; leur peu de ſoin ou leur mal-adreſſe en couſant l'étoffe à la coutiſſe trop lâche ou trop ſerrée, ou les deux côtés inégaux, dégauchit l'étoffe ou l'alonge inégalement, ce qui ne ſe peut guere réparer quand la Broderie eſt faite, qu'en lui donnant une eſtrapade qui la gâte & la corrompt.

Pour bien tendre un Métier, il faut premiérement pofer les deux Enfubles, *Pl.* 1 , *fig.* 1 , bien parallélement d'un bout fur la Chanlatte, *Pl.* 2 , *d d* , & de l'autre bout fur un Tréteau *a* , même Planche, en obfervant que les clous qui attachent la fangle à l'enfuble , foient tournés vers celui qui va coudre à l'enfuble qui eft la plus près de lui , & cependant en regard avec l'autre enfuble , de façon que la fangle recouvre les clous & garantiffe l'étoffe, fi l'on a befoin de la rouler autour de l'enfuble après qu'elle aura été coufue. (Les Brodeurs roulent toujours l'enfuble en deffus de l'étoffe , & les Tapiffiers au contraire). Enfuite on attache avec deux épingles les deux extrémités d'une même lifiere de l'étoffe qu'on veut tendre , aux deux extrémités de la fangle ou coutiffe d'une enfuble ; puis on coud avec de gros fil en deux bien ciré , la fangle & l'etoffe , en menant l'étoffe ferme de la main qui ne coud pas : il faut arrêter fa couture aux deux extrémités par trois ou quatre points bien lâches ; ils romproient en bandant le Métier, s'ils ne l'étoient pas. Quand la premiere longueur fera coufue & les épingles ôtées , il faut arrêter de même les deux extrémités de la feconde lifiere aux deux extrémités de la fangle de la feconde enfuble , & commencer à coudre par le bout pareil à celui par où l'on a commencé ; c'eft là l'inftant de bien faire attention que les mortaifes des deux enfubles étant bien paralleles , le droit fil de l'étoffe foit bien vis-à-vis l'un de l'autre, & à une diftance bien égale de la mortaife.

Enfuite , fi l'étoffe a plus de largeur que la double étendue des bras de celles qui doivent broder , & qu'elle foit deffinée , on la roule de part & d'autre autour des enfubles , jufqu'à ce qu'il ne refte entr'elles que la double étendue de la main bien écartée , ce qui fe nomme *empan*. Il faut mettre entre les roules de l'étoffe , du papier fin , des linges élimés ou du coton ; c'eft même ce qui convient le mieux fi le fond eft de velours , ou s'il y a de la Broderie de faite ; car il arrive de rouler & dérouler plufieurs fois le métier dans le cours de l'ouvrage , foit pour en parcourir l'étendue , foit pour le ferrer quand on en fufpend la fin , foit enfin pour en montrer l'effet aux perfonnes qui ont commandé l'ouvrage , ou y ajouter quelques ornements. On infinue enfuite une latte, *fig.* 4 , *Pl.* 1 , dans chaque mortaife parallele, qu'on éloigne d'abord l'une de l'autre le plus qu'il eft poffible , & qu'on fixe ainfi éloignées , avec quatre clous , *fig.* 14 , *Pl.* 1 , que l'on fiche dans les trous de la latte les plus voifins de l'enfuble ; on peut même s'aider , pour bander l'étoffe , du fecours des clous à tendre , *fig.* 13 , mais modérément ; enfuite on enfile dans une très-groffe aiguille une pelotte de ficelle , dont on fait paffer un bout deux fois de fuite à un pouce de diftance dans le galon ou le treliffage qui borde l'étoffe vis-à-vis des lattes *e e* , *fig.* 11. On amene enfuite cette ficelle embraffer la latte ; on retourne faire deux points pareils, embraffer la latte , & ainfi de même jufqu'à ce qu'on ait parcouru toute la largeur de l'étoffe ; on arrête enfuite le bout de ficelle qu'on coupe (pour le féparer de la pelotte) dans un trou de la latte , voifin du clou *c* ou *d*, *fig.* 11, *Pl.* 1 ; puis on reprend l'une après l'autre chaque boucle de ficelle qui embraffe la latte, en tirant à foi d'une main, & foulageant l'étoffe de l'autre, ce qui doit raccourcir chaque boucle, bander l'étoffe & la ficelle. (Il ne faut pas ferrer ce premier côté auffi fort qu'on le pourroit). On arrête le dernier bout de ficelle dans un trou de la latte, voifin de l'enfuble ; cette maniere d'arrêter doit fe faire fans nœuds ni autour des clous, mais en embraffant la partie extérieure de la latte avec la ficelle, après l'avoir fichée dans un trou, puis tortillant cinq ou fix fois le bout de ficelle autour du brin qui eft bandé, & ramenant le bout lâche à foi, comme *c* ou *d*, *fig.* 11, *Pl.* 1.

On va faire exactement la même opération à l'autre latte ; on peut, cette fois-là, bander les ficelles tant qu'on veut ; enfuite avec les clous à tendre qu'on fiche fucceffivement dans les trous les plus voifins de la mortaife, en amenant vers foi la tête de chaque grand clou, & en appuyant la partie inférieure contre l'enfuble ; on parvient, par un effort de levier, à bander l'étoffe fur fa largeur à peu-près comme un tambour ; il faut proportionner l'effort à la délicateffe de l'étoffe. Des gens mal-adroits ont quelquefois crevé leur étoffe en voulant trop la tendre. Quand on la juge affez tendue, on fubftitue un petit clou à l'un des grands ; on maintient de l'autre la réfiftance de l'enfuble ; le petit clou en place, on en va faire autant à l'autre bout, & le Métier eft tendu. Il faut bien fe garder de s'aider du genouil pour pouffer la latte en bandant le Métier, comme il eft repréfenté dans la Vignette, *fig.* 1, *Pl.* 2, on s'expofe à s'eftropier, fi le clou à tendre vient à s'échapper de la latte, ce qui eft plufieurs fois arrivé aux Brodeurs : la routine l'emporte fouvent fur le danger.

Quand les enfubles font fort longues ou trop minces, & que l'on tend beaucoup l'étoffe, elles fe cambrent en dedans & rendent l'étoffe lâche par le milieu ; on la retend par le fecours d'un garrot à vis ou à levier, qui redreffe & contient les enfubles. *Voyez Pl.* 1, *fig.* 8, *9 &* 11.

Quand l'étoffe eft échancrée ou contournée, ou qu'elle eft molle, comme draps légers, étoffes tricotées, &c, il faut d'abord tendre le Métier en toile cholette, ferpilliere ou canevas, bien quarrément & peu bandée, puis appliquer l'étoffe bien étalée & fixée d'abord avec plufieurs épingles, puis coufue à petits points dans tout fon pourtour ; enfuite on retourne le métier pour couper par l'envers & remployer vers les bords tout ce qui fe pourroit trouver fous la Broderie. On voit bien que cette toile ou canevas ne fert qu'à remplir les échancrures & conferver le Métier quarré & bien également tendu. Quand l'étoffe eft foible ou point tranfparente, on peut laiffer la toile tout en plein, cela foutient le point du Brodeur, & donne plus de confiftance à l'ouvrage.

Il faut couvrir toute l'étoffe, même l'envers de ce qui eft roulé autour de l'enfuble, avec des papiers, des linges ou de la ferge, excepté la place où chaque Ouvriere travaille, encore faut-il qu'elle ait fous fa main un petit papier mobile, pour garantir l'étoffe du contact de la main. Plufieurs perfonnes peuvent

travailler

travailler enſemble au même Métier, à proportion qu'il eſt plus ou moins long, toutes les gaucheres du côté d'un enſuble, la main gauche deſſus & l'autre deſſous, & toutes les droitieres de l'autre côté, la main droite deſſus & l'autre deſſous, pour avoir les unes & les autres le jour en dedans la main; pluſieurs Ouvriers ne peuvent pas changer la ſituation de leur main en changeant de côté, & cela eſt fort incommode. Dans les cas preſſés, il ſe place des Ouvriers le long de la latte, en mettant un tréteau ſous chaque enſuble. Si l'on a oublié quelques bagatelles dans le milieu du Métier, ou que ce ſoit de la dorure dure & embarraſſante, un Ouvrier ſe tient à terre ſous le Métier, pour tirer & pouſſer l'aiguille à ſon camarade qui travaille en deſſus.

Il faut que les chaiſes des Ouvriers ſoient proportionnées à leur grandeur; les Ouvrieres ne ſe fourniſſent que d'aiguilles, dés & ciſeaux. Les Entrepreneurs fourniſſent les broches *c*, bobines *d*, pâtés *e*, talignons *h*, *Pl.* 1, le feu & l'eau, & toutes les matieres qu'ils veulent qu'on emploie. C'eſt un des métiers où les femmes gagnent les meilleures journées : on leur donne ordinairement vingt-cinq ſols par jour, ou quatre francs pour l'emploi d'une once de paſſé ; cela augmente à proportion qu'il y a plus abondamment d'ouvrage ou que les matieres ſont plus fines ou plus délicates. Les hommes ſont payés davantage, à proportion de leur talent ou de leur habileté. La journée doit commencer à ſix heures du matin & finir à huit heures du ſoir ; la veillée par-delà, ſe paye double.

Diſtribution des Etoffes.

Sı ce qu'on veut broder eſt en dorure, le Maître diſtribue aux Ouvriers pluſieurs broches *s,s*, *Pl.* 1, chargées, les unes de ligneul, d'autres de fil de Bretagne, d'or, de cordon, de trait, &c ; il leur donne encore du fil de Bretagne blanc ou jaune, en écheveaux coupés par un bout & nattés ; une pelote de cire ou de la bougie, des pâtés, un bouriquet *g*, *Pl.* 1, des morceaux de feutre ou de ſerge d'Aumale : tout cela trotte ſur le métier pour le ſervice des Ouvriers.

Si la Broderie doit ſe faire en paſſé, le Maître diſtribue ou des bobines chargées d'or à paſſer, ou de cordon, ou plus communément en torches *r*, *Pl.* 1. Le Maître ploie chaque once d'or en un écheveau de la longueur que doit avoir chaque aiguillée ; il donne un coup de ciſeau à chaque bout de cet écheveau, puis effile avec les doigts la lame d'or qui recouvre la ſoie, de la longueur de deux pouces à chaque extrémité des aiguillées ; il caſſe cette effilure & la met au déchet, ce qui donne néceſſairement un gros de déchet par once. La partie de l'aiguillée qui reſte en ſoie découverte d'or, ſert d'un bout à être enfilée & arrêtée vers la tête de l'aiguille, & de l'autre bout à faire le nœud ou les points perdus dans l'étoffe en commençant à travailler. Si dans le cours de l'aiguillée, elle s'écorche en paſſant au travers de l'étoffe, il faut défiler ſon aiguille, couper la partie écorchée, la mettre au bouriquet, & renfiler le bout d'or qui

BRODEUR. C

refte, pour achever de l'employer. Le Maître enveloppe enfuite chaque écheveau dans un papier ou parchemin roulé, qu'on nomme *torche*, *voyez fig. r*, *Pl.* 1, plus court que les aiguillées, afin qu'on puiffe les tirer à mefure qu'on en a befoin.

Si l'on doit broder en foie ou laine, le Maître délivre aux Ouvriers les foies convenables devidées fur des bobines ; affez ordinairement ces bobines font enfilées en chapelet, comme *fig. x*, *Pl.* 1.

Si le Maître donne à travailler en ville, il doit pefer toutes les étoffes & les matieres qu'il donne à employer, en charger bien exactement un petit livre que chaque Ouvrier rapportera toutes les fois qu'il viendra chercher des différentes matieres & quand il rendra fon morceau fini, pour fervir de contrôle à fa fidélité. Toutes ces précautions ne font de la peine qu'aux coquins.

Des différentes manieres de Broder.

O n brode en ronde-boffe, en bas-relief, en or nué, en paffé, en paffe-épargné, en guipure, en Broderie de rapport, en couchure, en gaufrure, en fatiné, en paillettes, en taillure, en jais, en foie, en chenille, en laine, en tapifferie, en chaînette, en Broderie de Marfeille, en nœuds & en blanc. Nous allons expliquer féparément toutes ces différentes manieres de broder, dont plufieurs fe trouvent fouvent réunies dans un même morceau d'ouvrage.

Comment on Brode en ronde-boffe.

O n brode des figures & animaux de ronde-boffe, grandes comme nature ; c'eft un ouvrage fort rare & de la plus grande magnificence, qui demande beaucoup d'intelligence & de talent. Pour réuffir, il faut d'abord faire modeler le fujet par un habile Sculpteur, puis le copier par parties détachées avec des morceaux de drap blanc, neufs, appliqués les uns fur les autres fuivant les différentes faillies du modele ; ce drap qui a dû être d'abord bien imbibé d'eau pour lui donner plus de foupleffe à être modelé, prendra à l'aide de l'ébauchoir ou menne-lourd, (*voyez fig. ff*, *Pl.* 1,) & de plufieurs points de foie, toutes les formes qu'on voudra lui donner. On recouvre enfuite toutes les fuperficies de morceaux de cartes à jouer, bien imbibés de colle claire ; il faut que chaque mufcle ou chaque pli foit un peu outré ; les fils d'or qui doivent recouvrir, engorgent toujours un peu les formes. On recouvre enfuite chaque partie, de morceaux de taffetas blanc ou jaune bien collés & bien étalés dans tous les creux & les recoins de chaque piece : quand tout eft bien fec, on deffine fur ce taffetas le détail des parties & le fens de les coucher ; puis avec de la foie bien cirée, on coud les fils d'or ou de trait les uns bien près des autres, en fuivant le fens des mufcles ou des draperies, & donnant aux points de foie une marche régu-

liere & alterne dans leur rencontre : chaque point de ſoie qu'on ſerre beaucoup en travaillant, ſe trouve caché par les fils d'or qui les avoiſinent, &
donnent à l'or la forme d'un travail d'oſier. Cet ouvrage s'appelle du *relief
ſatiné.*

Quelquefois, au lieu de faire l'enlevure en drap, on modele en carton les
parties de l'objet qu'on veut exécuter ; on applique ces parties ſur de petits
métiers tendus de toile forte ; on couvre les ſuperficies de ce carton avec des
morceaux de taffetas collés ; on coupe la toile ſous le creux de chaque morceau
qu'on veut broder ; puis quand tout eſt bien ſec, on coud les fils d'or de la même
maniere que nous l'avons indiqué plus haut. Quand chaque partie eſt dorée &
liſerée, s'il en eſt beſoin, le Brodeur colle l'envers de ſon ouvrage avec de la
gomme pour en arrêter les points de ſoie. Quand ces morceaux ſont bien ſecs,
il en découpe les bords & les rejoint les uns aux autres ſuivant ſon modele, avec
des points de ſoie perdus, ou des fils d'or couchés de façon qu'ils cachent les
raccords : il doit préférer de ſe raccorder dans les endroits où les parties ſe croi-
ſent ou ſe recouvrent. On conçoit aiſément qu'une tête, un bras, un fruit, ne
peuvent ſe broder qu'en deux parties au moins, & ſouvent en cinq ou ſix. S'il y
a dans le ſujet quelques parties ſaillantes & qui doivent badiner, comme plumes
de caſques, branches de fleurs, graines ou piſtils, le Brodeur les fait en lame,
friſure ou paillettes, & les ſoutient par des fils de fer cachés dans l'intérieur de
chaque piece. On ne peut donner que les moyens généraux pour les différents
cas ; c'eſt à l'Ouvrier induſtrieux à chercher les méthodes les plus ſûres & les
plus agréables, ſuivant que ſon deſſin & les circonſtances l'exigent. Les Carya-
tides de quinze pieds de haut qui ſont à Verſailles dans l'appartement du Roi,
& les ornements qui couronnent ſon Trône, ſont des modeles & des chef-
d'œuvres au-deſſus des détails que j'en pourrois faire.

De la Broderie en bas-relief.

P o u r broder en bas-relief des tableaux, rinceaux d'ornement, maſcarons,
fruits ou fleurs, comme le caparaçon ou la houſſe de la Planche 7, le Brodeur,
après avoir deſſiné ſur un petit métier les différentes parties de ſon objet, détachées les unes des autres comme Planche 2, commence par exprimer les
plus grandes ſaillies, *fig.* 3, 3, 3, *Pl.* 2, avec de gros fils écrus & cirés, qu'il
conduit avec une broche, & qu'il coud les uns ſur les autres à pluſieurs re-
priſes, ſuivant le plus ou le moins de relief qu'il veut donner à ſes fleurs ; enſuite il recouvre ces premiers ligneuls en ſens contraire, d'une ſurface de fils
de Bretagne bien cirés & paſſés à l'aiguille ou couchés à points de ſoie. *Voyez*
fig. 4, 4, 4, *Pl.* 2. Il aſſujétit à meſure qu'il travaille, ſes fils & les modeles avec
le menne-lourd, pour exprimer toutes les feintes, revers, nervures & ondulations. Quand chaque objet a toutes ſes rondeurs & formes différentes bien ſen-

fibles & même un peu outrées, (ce qui eft l'ouvrage des plus intelligents Ouvriers, & fouvent d'après un modele en cire ou en plâtre) , les Brodeufes couvrent le tout en fens contraire aux derniers fils, avec de l'or en broche coufu à petits points alternes, d'une foie bien cirée, (*voyez Pl.* 2 , *fig.* 5 , 5 , 5 , 5 ,) les points fe trouvent perdus dans les fils, on ne voit plus que l'or faifant l'ofier. On caffe beaucoup d'aiguilles dans cette opération, à caufe de la fréquente rencontre des fils qui font l'enlevure & de leur dureté. Les graines 6 , nervures de feuilles 6 , & revers 6 , fe font affez communément de clinquant guipé, ou d'or trait, pour varier les effets. Si quelque objet qui a de l'épaiffeur, fe termine en vive arête par le bord, on cache l'épaiffeur des fils par un cordonnet de foie coufu, qu'on appelle *faveur* ou *vernis* ; puis on lifere avec la milanefe ou le cordon coufu dans le retors, pour exprimer plus purement les formes que les différents travaux avoient confondus, *fig.* 7 , 7 , 7 , 7 . Il faut bien fe garder de liferer tout ce qui fait horifon, comme dos de revers, horifons de fruits, rondeur de plis d'étoffe, &c ; c'eft une faute très-commune aux Ouvriers qui manquent de goût. La lifiere doit être faite par les meilleurs Ouvriers. Quand plufieurs objets fe jouent, ou doivent dominer les uns fur les autres, on les rend plus fenfibles en les brodant d'abord féparément comme *fig.* 7 , 7 , 7 , 7 ; on les rapporte enfuite les uns fur les autres, comme *fig.* 8 , 8 , 8 , 8 ; & chaque bout de cordon *o* , *fig.* 7 , qui a liferé ces parties, & qu'on a laiffé trop long en apparence, on le paffe au travers de l'étoffe en raccordant ; quelques points perdus & cachés fuffifent pour fixer ces différents fleurons : on peut augmenter le relief des grandes parties, en coufant à la place qu'elles doivent occuper, un ou plufieurs morceaux de chapeau plus étroits que la Broderie, qui doit les recouvrir : c'eft ce qu'on appelle *emboutir. Voyez fig.* 2 , *b e.*

Quand on a exécuté les différents fujets d'un grand morceau, compofés chacun de plufieurs petites parties, on les découpe, on les rapporte fur leur vrai fond, fuivant que le deffin qu'on y a tracé l'exige, comme le Caparaçon de la Planche 7. Les queues & chofes mignones, fe brodent fur le fond même : on le nétoie, on le met en taille, on le colle, & l'ouvrage eft fini.

De la Broderie en Or nué.

POUR faire un tableau en or nué, comme *Pl.* 3 , *fig.* 1 , il faut d'abord que le fujet foit deffiné de traits un peu gros, & par une main habile, fur un taffetas doublé d'une toile un peu forte. Le Brodeur commence par couvrir toute la furface de fon tableau avec des brins de gros or lancés & arrêtés feulement aux deux extrémités, comme *B* , *fig.* 1 : quelques Brodeurs eftiment qu'il vaut mieux faire les carnations de rapport, & par conféquent éviter de lancer l'or fous ces parties ; mais la première méthode eft plus générale & plus magnifique. Les brins d'or fe touchent, & l'Ouvrier n'apperçoit les contours qu'à chaque

fois

fois qu'il fiche son aiguille pour recouvrir l'or en embraffant deux brins à la fois, suivant les nuances d'un modele peint qu'il doit avoir devant lui ; les points de soie se touchent de tous les côtés dans les endroits sombres , & cachent abfolument l'or. Pour les demi-teintes, on laiffe voir l'or de l'épaiffeur d'une soie entre chaque point , & ainfi en dégradant les nuances , & laiffant appercevoir plus d'or à proportion qu'on veut augmenter les lumieres , jufqu'à ce qu'enfin l'or ne foit plus arrêté que de loin en loin par des foies très-fines & très-claires, comme *c* , *fig.* 1. Les carnations se font toutes en soie plate du fens contraire à l'or , à points fatinés très-fins, comme *D* , *fig.* 1 , ce qui s'appelle *point de bouture*. Les cheveux & la barbe se brodent en tournant, auffi à points fendus du fens que les boucles ou les ondulations l'indiquent. Il n'y a point d'ouvrage où il faille un affortiment auffi complet de nuances de toutes les couleurs ; le Brodeur doit toujours avoir une vingtaine d'aiguilles enfilées , pour moins s'impatienter , & ne pas perdre l'idée des dégradations de ton qu'il veut donner à son objet : l'or nué eft fans doute l'ouvrage le plus long , & celui où il faut réunir le plus de patience à l'intelligence la mieux foutenue.

On ne voit plus guere de cette précieuse Broderie , que sur les orfrois des anciens ornements d'Eglife ; la dépenfe en eft confidérable , & les Ouvriers en ont à peu de chofes près, perdu l'habitude & le talent.

L'or nué bâtard eft moitié moins couvert de fils d'or ; les intervalles font faits en foies nuées avant de lancer les fils d'or ; on recouvre ces fils par le même procédé de l'autre or nué , en se raccordant aux nuances des intervalles , ce qui donne à peu-près le même effet, quoique moitié moins riche & moins brillant. Il eft ridicule de liferer ou border les moulures d'architecture , quand il s'en trouve dans ces tableaux, ou les bords des vêtements, avec de gros cordons d'or ; c'eft abfolument fortir du genre. Plufieurs Brodeurs de l'autre fiecle font tombés dans ce défaut par une magnificence mal entendue. C'eft à peu-près comme quelques Peintres Allemands , qui , pour mieux repréfenter la lumiere d'une lampe , l'ont fait en relief dans leurs tableaux.

De la Broderie en Paffé.

P o u r la Broderie en Paffé, comme *Pl.* 4 , *fig.* 3 , & *Pl.* 9 , *fig.* 1, il faut que chaque objet n'ait tout au plus que fix lignes de largeur , afin que chaque point n'ait pas trop d'étendue & foit folide ; fi l'objet a plus de largeur, comme le galon de la fig. 3, on le divife en plufieurs parties *c* , *c* , *c* , *c* , & on le refend de maniere qu'on puiffe y revenir à plufieurs fois pour l'exécuter en totalité.

Pour que le paffé foit folide , chaque point doit embraffer en deffus comme en deffous toute la largeur de la partie qu'on brode ; il faut prendre chaque moulure un peu de biais pour leur conferver mieux leur forme, ferrer & rapprocher imperceptiblement chaque point dans l'intérieur des contours , & les écartant auffi imperceptiblement à l'extérieur du contour parallele, de maniere que les points tournent petit à petit en décrivant les courbes, & reftent cependant toujours à peu-près de la même longueur. *Voyez d d, fig.* 3. Pour les ornements d'Eglife à deux endroits *, & les chofes qui ne doivent point être doublées, l'Ouvrier, avec un peu d'attention & fans faire de nœud, fait cacher le premier & le dernier point qui arrête fon aiguillée, comme *e, fig.* 3 ; il y en a même qui n'arrêtent jamais autrement ; ils évitent les paffages d'une fleur à l'autre, & font leur paffé avec affez d'adreffe pour qu'on puiffe fe fervir indiftinctement d'un ou de l'autre côté de ces vêtements ; tels font les habits de drap rouge d'un côté & bleu de l'autre, qui nous viennent d'Angleterre, & qu'on brode de cette maniere : c'eft ce qu'on appelle *paffé à deux endroits.* On a même trouvé l'art d'orner un des côtés de cette Broderie avec des paillettes & de la frifure, fans que les points paroiffent de l'autre côté ; ce qui fe fait en fichant fon aiguille en biais & la repaffant de même, fans embraffer aucun fil d'or du paffé, le point fe trouve caché deffous. Quelques Ouvriers dreffent leur métier tout debout pour pouvoir regarder à l'envets & à l'endroit, en travaillant ces petits agréments. Pour les queues de fleurs, petites palmes & deffous de compartiments, comme la partie du galon uniforme de MM. les Lieutenants Généraux, *f, f, fig.* 3, *Pl.* 4, & *a, a, a, Pl.* 8, *fig.* 1, il fe fait un paffé très-étroit, dont le point eft plus alongé que l'autre paffé ; il faut les mêmes égards quand on a des courbes à décrire ; ce paffé s'appelle *en barbiches :* il eft moins brillant que l'autre, & fait une variété fouvent néceffaire.

On a long-temps brodé les fonds de galons & autres parties fourdes en cordon paffé, ce qui faifoit très-bien jouer les différents objets, & mettoit des repos, comme *Pl.* 8, *fig.* 1 *& 2* ; mais aujourd'hui on veut tout brillant, & le cordon eft relégué aux Frangers.

Quand on a du paffé à faire fur velours ou fur quelqu'étoffe brochée, il eft affez d'ufage de faire découper le deffin en vélin, ou tout au moins en papier, qu'on bâtit à petits points fur l'étoffe, pour foutenir le paffé, lui donner de l'égalité & l'empêcher de s'enterrer ; on conçoit aifément que cela dépenfe un peu plus d'or.

Le bâton de Maréchal de France eft revêtu de velours bleu, brodé en paffé de trente-fix fleurs de lys d'or ; il a dix-huit pouces de long. Le nom de chaque Maréchal, avec la date de fa promotion, eft gravé fur la virole d'or qui termine le bâton.

Du Paffé épargné.

LE paffé épargné fe fait avec de l'or beaucoup plus fin, en fichant l'aiguille en deffous, tout à côté du trou par où elle vient de paffer ; l'or n'embraffe que

---

* On brode enfemble une moire cramoifie & une moire blanche ou verte, enles appliquant l'une fur l'autre, cela donne deux Chapes ou Chafubles, avec les frais d'une feule Broderie.

la furface extérieure de l'objet qu'il brode; il faut de même qu'à l'autre paffé,
prendre chaque moulure en biais, & tourner les courbes & rouleaux avec la
même attention. Ce procédé dépenfe plus de moitié moins d'or, auffi eft-il
moins cher & moins folide que l'autre paffé: on n'en fait guere que des jarre-
tieres ou des facs à ouvrage.

La plus grande difficulté de l'un & l'autre paffé, eft de bien conferver les
formes, & que les points qui expriment les contours courbes, ne faffent point
la fcie ou dent de chien. Les Dames qui brodent prefque toutes pour leur plaifir,
& qui réuffiffent affez bien par les autres procédés, échouent quand elles entre-
prennent de broder en paffé: les nuances & les paillettes leur conviennent
mieux.

De la Broderie en Guipure.

Pour broder en guipure, *voyez Pl.* 4, *fig.* 1, il faut premiérement poncer
& deffiner fur le vélin, le coupon *K* de l'objet qu'on veut exécuter; quand ce
coupon doit être répété plufieurs fois, on attache l'un fur l'autre quatre ou cinq
morceaux de vélin, avec de petits tenons de la même matiere, qu'on paffe de
part en part. On fait ainfi cinq ou fix petits livrets pour un habit d'homme, fans
compter les pattes, foupattes, coins & colets; ce livret étant pofé fur une table
de tilleul, on découpe tous les contours & refentes avec un fer tranchant *u, u,*
Pl. 1, en laiffant de temps en temps de petites brides pour contenir les objets dans
leurs éloignements refpectifs, *voy. Pl.* 4, quand on les placera fur l'étoffe. Quand
tout le deffin eft découpé & évuidé, on arrache les tenons, & cela donne néceffairement 4 ou 5 coupons bien exactement pareils. Quand on en a le nombre fuf-
fifant (ce que la taille indique), en obfervant que les objets tournés à droite,
ne peuvent guere fervir pour les objets tournés à gauche en retournant le vélin,
à caufe d'une petite rondeur que le fer lui donne fur les bords en le découpant.
Si ce vélin eft deftiné pour Broderie en or, il a fallu le peindre en fafran, & le
laiffer bien fécher avant de le découper: il y a du vélin de plufieurs épaiffeurs.
Un bon Découpeur fe contente ordinairement de ce talent; il faut qu'il fache
un peu deffiner.

Quand le Brodeur a tous fes coupons prêts, il ponce le deffin général fur
l'étoffe, en deffine feulement les retraites ou points de rencontre de fes coupons de vélin; il deffine auffi les queues, graines, fleurs, & tout ce qui ne doit
pas être exécuté en vélin; enfuite place fes coupons fur la ponçure, fuivant
que le deffin le lui indique, *voyez Pl.* 4, *fig.* 1, *a, l, m,* & il les fixera avec des
points de foie fine, *m, m.* Il ne collera pas fon vélin, comme font quelques
mauvais Ouvriers; l'humidité le déformeroit & le feroit racourcir. Quand tout
fera bâti & arrêté, il coupera toutes les brides avec des cifeaux, & les fuppri-
mera. Les Ouvrieres recouvrent enfuite ce vélin en travers, d'un ou de deux
brins d'or, *n, n,* roulé fur une broche qu'elles conduifent alternativement de

droite à gauche du vélin, en fixant l'or à chaque retour avec un point de foie cirée, le plus près du vélin qu'il eſt poſſible, ſans pourtant le gêner ; de façon que l'épaiſſeur du vélin & les retours de l'or, cachent abſolument le point de foie. Si la partie que l'on guipe eſt trop large pour être faite d'un ſeul point, & qu'elle ſoit diviſée en pluſieurs refentes comme *o, o*, l'Ouvriere conduit ſon or point à point ſur toute la largeur de l'objet, en exprimant chaque refente par le point de foie qui coud l'or ; puis elle ramene ſa broche en ſens contraire, les points très-enfoncés & très-près de ceux de la rangée précédente, & ainſi juſqu'à ce que l'objet ſoit couvert d'or d'un bout à l'autre. On lifere la groſſe guipure en cordon ou en milaneſe, pour deſſiner & exprimer davantage les contours, ſur-tout quand pluſieurs compartiments ſe jouent les uns ſur les autres, ce qui ne ſe fait cependant que pour les gros ouvrages, comme équipages, ornements d'E-gliſe, &c. On fait de la guipure ſans vélin, ſur fil ou ſur ligneul ; quand on veut faire des morceaux détachés & badinants, on les guipe ſur des lames de plomb, pour empêcher que l'humidité ne les racorniſſe, ſi elles doivent être expoſées à l'air. On guipe en friſure & bouillon à points enfilés & employés l'un après l'autre du même ſens du paſſé, comme *g, g, g, fig. 3, Pl. 4*, ce qui donne plus de relief que le paſſé, fait variété, & eſt auſſi ſolide. Quelquefois on guipe les tiges, petits trónçons d'arbre, & moulures de compartiments, de quatre ou cinq points de friſure, puis quatreou cinq points de bouillon alternativement, le ſombre de la friſure & le luiſant du bouillon font un mélange agréable : il faut pourtant être ſobre de ce procédé. *Voyez fig. 7.*

On guipe en trait & clinquant : cette derniere guipure differe dans ſon arrangement, en ce que les brins d'or filé & la friſure, doivent être bien exactement rangés à côté les uns des autres ſans jamais ſe croiſer ni ſe recouvrir ; le clinquant, en le guipant, doit à chaque retour recouvrir le tiers ou même la moitié de ſa lame. *Voyez Pl. 3, fig. 4*, une des grandes flammes qui font le plein du manteau de l'Ordre du Saint Eſprit. On lifere quelquefois cette guipure de milaneſe ou de cordon. Le clinquant ne s'emploie guere à d'autres uſages ; il faut des deſſins aſſortis à ce procédé, la lame étant ſujette à ſe caſſer quand elle a trop de portée, ou qu'elle tourne trop court. Les graines, revers de feuilles & petites moulures faites en clinquant, comme *s, s, Pl. 4, fig. 1*, font valoir le reſte de l'ouvrage, & lui donnent du mouvement & de la légéreté.

De la Broderie en Rapport.

Tout ce qui ſe brode par parties détachées ſur de petits métiers, pour être enſuite raſſemblé l'un ſur l'autre, & prendre plus ou moins d'élévation, s'appelle *du rapport* ; mais on entend communément par *Broderie de rapport*, les bordures d'habits d'homme, compartiments de jupes, brandebourgs & autres morceaux que les Brodeurs tiennent en magaſin, prêts à être appliqués ſur tel

fond

fond qu'on voudra. On commence, après que le deſſin eſt ordonné ſur taffetas, toile ou papier jaune, par profiler tous les contours extérieurs avec une chaînette d'or, nommée *pratique*, & couſue à petits points de ſoie, comme *b*, *b*, *b*,
Pl. 4, *fig.* 5 ; enſuite s'il y a quelques fleurs ou compartiments qu'on veuille
traiter légérement, on applique des bandes de réſeau fait au boiſſeau, comme
g, *g*, que l'on fixe par des points de ſoie dans les fleurs qui le bordent, &
qui cacheront & recouvriront ces points quand elles ſeront brodées. Quelque
fois les Ouvriers font eux-mêmes leur réſeau ſur la place même, par des points
lancés & recroiſés, qui n'entrent dans l'étoffe qu'aux endroits qui doivent être
recouverts de Broderie, comme *d*, *d* ; ce procédé eſt bien plus long, mais auſſi
il eſt plus délicat & plus exaét. Enſuite on brode le paſſé ſi le deſſin l'exige ;
on applique les fleurs de paillons *p*, *p*, *p* ; on les guipe avec la friſure ou le
bouillon, en laiſſant toujours déborder un peu de la pratique *q*, *q* ; on fait les
feuilles *h*, *h*, en paillettes comptées ; les tiges *i*, *i*, en friſure guipée, toujours
en laiſſant déborder à peu-près la moitié de la pratique. Quand le morceau eſt
tout brodé, bien nétoyé, collé, ſéché, on le découpe avec des ciſeaux pour
ôter tout le fond qui paroît, même celui qui eſt ſous le réſeau, à moins qu'on
n'ait mis ſous ce réſeau en commençant à travailler, un ruban d'argent ou de
nuances : on peut même ajouter ce ruban après que la Broderie eſt découpée :
Quand elle eſt ainſi dégagée de tout ſon fond, on la peſe pour en ſavoir au
juſte la valeur ; puis on la bâtit communément ſur du papier bleu, pour la ſerrer
en attendant qu'on la vende. Cette Broderie ſe vend depuis 18 juſqu'à 36 livres
l'once, ſuivant le prix des matieres dont elle eſt compoſée. La pratique dont
l'Ouvrier a d'abord profilé ſon ouvrage, ſert à ficher le point ſans gâter la Broderie, quand on veut l'appliquer ſur telle ou telle étoffe. Les Lyonnois, au lieu
d'une pratique, ne liſerent leur Broderie en rapport, que d'un friſé en deux,
ce qui eſt moins ſolide. Il ſe fait des Broderies de rapport en guipure, ſatiné,
clinquant ou nuances, même en chaînette, tant on a trouvé commode de pouvoir avoir en vingt-quatre heures, ce qui ne peut ſe broder qu'en un mois. Les
Broderies de rapport ont encore l'avantage de pouvoir être tranſportées ſuccef-
ſivement ſur des fonds différents.

De la Broderie en Couchure.

La couchure ſe fait avec de gros or filé, roulé ſur une broche, un, deux, &
juſqu'à trois brins enſemble, qu'on coud à plat les uns bien à côté des autres,
d'un même point de ſoie, (*voyez Pl.* 4, *fig.* 1, *f*, *f*). On en met à côté les
unes des autres autant de rangées qu'il en faut pour couvrir telle ou telle ſurface, comme les fleurs *a*, *e*, ou la moulure *f*, *f*. La plus grande difficulté de la
couchure, eſt de rendre les retours des rangées d'or imperceptibles comme
u, *u*, *u*, ſi la ſeconde rangée d'or eſt plus longue que la premiere, & ainſi des

autres. Pour exécuter en couchure un objet qui s'alonge en s'élargiſſant, il faut échapper un ſeul des trois brins d'or qui ſont ſur la broche ; on l'arrête de quelques points de ſoie vers le retour, & l'on conſerve ainſi le coulant du contour *u*, *u*, que les trois brins corromproient. Comme les points de ſoie de la couchure paroiſſent beaucoup, on lui donne le nom de la figure que ces points expriment par leur rencontre ; ainſi on dit *couchure de deux points a*, *a*, *en chevron b*, *b*, *en écaille*, *en loſange*, *en ſerpenteau*, *&c.* On peut varier à l'infini ces rencontres de points dont je donne ici les figures les plus en uſage. Quelquefois la couchure ſe fait à contre-ſens de pluſieurs points de fil comme *h*, *h*, pour lui donner quelques ondulations & varier les luiſants de l'or ; d'autres fois on recouvre les points de ſoie *f*, *f*, avec de la friſure, ce qui s'appelle *couchure à la barre*. Quelque ſoin que l'on prenne en faiſant la couchure, les formes & contours ſont toujours corrompus ; on leur rend leur pureté en les liſerant d'un friſé en deux, comme *t*, *t*, conduit à la broche & couſu de petits points de ſoie. On peut diviſer la trop grande largeur d'un galon ou compartiment avec du clinquant pliſſé couſu de ſoie comme *g*, *g*, ou des moſaïques de clinquant plat de différentes formes, ornées de points de friſure, comme *l*, *l*. Les queues ſe font ordinairement en or friſé & couché. Quelquefois on ajoute ſur les retours de la couchure des ombres en ſoie ; comme la fleur *u*, *u*, ce qui ſert en même temps à cacher les retours, & faire jouer les différents objets. D'autres fois on repréſente en ſoie plate une ombre portée ſur le fond de deux ou trois lignes de largeur, ce qui fait un fort bon effet ſur le gros-de-Tours & ſur le velours : cette ombre portée doit être de même couleur que le fond. En général, la couchure eſt la plus commune & la moins ſolide des Broderies ; elle ſe dégauchit & s'altere facilement : on n'en fait guere que les petits ouvrages pour les Foires.

L'or friſé ne peut être que couché, il s'écorcheroit en paſſant au travers de l'étoffe.

On fait en couchure de deux brins, des fonds entiers de grands ronds tournés en ſpirale, comme *fig.* 2, en les commençant chacun par leur centre. Ces ronds en ſe mêlant les uns dans les autres, reçoivent différents rayons de lumiere dont le mêlange eſt fort agréable, ſur-tout s'ils ſervent de fond à de grands courants de gros objets brodés en nuances. On fait de pareils fonds en jais blancs ou jaunes.

De la Broderie en Gaufrure.

Pour broder en gaufrure, il faut, après que l'objet eſt deſſiné ſur l'étoffe, lancer tout en travers de cet objet, de gros fils bien cirés, à deux lignes les uns des autres, comme *a*, *a*, *fig.* 2, *Pl.* 3. On arrête ces fils bien droits & bien paralleles de diſtance en diſtance, avec de petits points de ſoie cirée, comme *a*, *a*, de maniere que les fils ne puiſſent plus être dérangés ; enſuite en commençant par une extrémité de l'objet, comme *b*, *b*, on recouvre ces fils en ſens contraire, avec de l'or en deux brins roulé fur une broche, qu'on coud ferme de deux en deux brins de fil, d'un bout à l'autre de l'objet, comme *c*, *c* ; on revient enfuite, & l'on fait quatre rangées en fuivant le même calcul, ce qui donne à chaque rencontre quatre points de foie paralleles ; enfuite on continue quatre rangées d'or en rétrogradant d'un fil, chaque point de foie de chaque rangée, toujours d'un bout à l'autre, comme *d*, *d* ; puis on reprend le premier calcul de quatre rangées, toujours alternativement, jufqu'à ce que la furface qu'on fe propofe foit abfolument couverte d'or, ce qui imite affez bien l'ofier. Les points de foie doivent fe trouver cachés par le relief du fil ; il faut, comme à la couchure, lâcher & coudre un brin d'or de la longueur d'un point aux retours, quand la forme arrondie de l'objet s'alonge en s'élargiffant, comme *e*, *e*. En général, il faut, pour tout l'or que l'on coud fur les étoffes, tant en gaufrure, couchure, guipure, que fatiné, bien tirer la broche, & mener l'or ferme à chaque point avant de tirer tout-à-fait le point en deffous ; il faut encore avoir grand foin que les brins d'or ne fe croifent jamais & foient toujours rangés bien à plat les uns auprès des autres, fi ce n'eft aux extrémités où cela eft indifférent. On laiffe ordinairement paffer hors l'objet en commençant, huit à dix lignes du fil d'or ; on en laiffe autant en coupant l'or pour féparer la broche quand on finit comme *f*, *f*. On paffe enfuite ces bouts d'or au travers de l'étoffe avec le fecours d'une aiguille à paffer les bouts, ou même avec celle qu'on tient. Pour rendre à la gaufrure fes formes & cacher les retours, on la lifere d'une milanefe ou d'un cordon *g*, *g*, qui fe coud, non pas en l'embraffant par le point de foie, comme pour la milanefe ; mais en fichant l'aiguille dans le retors du cordon, & donnant un petit tour de broche en dehors, puis en dedans la main, ce qui cache abfolument le point. Cette lifiere doit un peu mordre fur la gaufrure. Quand les morceaux gaufrés doivent être découpés & rapportés ailleurs, on les profile de fix ou huit brins de foie brune coufue à très-petits points ; c'eft de ce travail que font faites les fleurs de lys des tapis de la Couronne. Il eft plus folide que brillant.

De la Broderie en Satiné.

L e fatiné reffemble à la gaufrure dans fa marche ; il en differe en ce qu'on change la révolution des points à chaque retour ; que fouvent on fatine l'or en un feul brin, & que les fils de l'enlevure font très-près les uns des autres, & fouvent d'épaiffeur différente ; pour les têtes, les gros fruits ou les grands rinceaux, le Brodeur femble oublier quelques points de foie fur les grandes faillies, pour les laiffer liffes, & augmenter le luifant de l'or en cet endroit. Tous les détails du fatiné font à l'article du Bas-relief.

De la Broderie en Paillettes.

Pour broder en paillettes, comme *Pl.* 4, *fig.* 3 & *fig.* 6, il faut en avoir près de foi de différentes grandeurs, par petits tas, fur un ou deux pâtés, comme *Pl.* 1, *fig.* e, ainfi que du bouillon & de la frifure; l'Ouvrier enfile une très-fine aiguille de foie cirée (la couleur n'y fait rien); après avoir arrêté un pre_mier point dans l'étoffe, il enfile dans cette aiguille un grain de frifure, puis une paillette, qu'il fait couler le long de fon aiguillée jufques fur l'étoffe; il fiche fon aiguille dans l'étoffe, la tire de l'autre main, & la ramene tout de fuite en deffus, à la diftance d'une demi-paillette; il en enfile une feconde, puis un grain de frifure qu'il fait couler comme la premiere fois: il fiche fon aiguille dans le trou de la premiere paillette, retire l'aiguille en deffous, ce qui fait recouvrir la moitié de cette premiere paillette par la moitié de la feconde. Le fecond point de frifure doit paroître fe rejoindre au premier, & ne faire qu'une ligne; on l'aide quelquefois avec la pointe des cifeaux, ou celle d'une groffe épingle; le Brodeur ramene fon aiguille en deffus, enfile une paillette & un grain de frifure, & continue ainfi tant que l'objet l'exige, en changeant de grandeurs de paillettes, fuivant les places & la forme de l'objet qu'il exécute, comme *a*, *fig.* 6, & finiffant toujours comme il a commencé, par un point de frifure pour arrêter la derniere paillette; ce qui fe fait en fri-fure peut fe faire en bouillon, cela eft arbitraire. Les grains de frifure ou de bouillon doivent être coupés un peu plus longs que l'efpace qui eft entre les deux paillettes, afin qu'en ferrant le point, ils ne paroiffent faire qu'un feul fil d'or qui attache & barre les paillettes. On varie l'arrangement de ces points de frifure, comme on en peut voir quelque exemple, *Pl.* 5, *fig.* 3, 4 & 5. Quel-ques perfonnes attachent d'abord leurs paillettes avec de la foie, puis la recou-vrent de frifure; cette double opération affure beaucoup l'ouvrage, & le rend plus folide. Excepté la derniere paillette de chaque rangée, on ne voit dans tout le cours de l'ouvrage que la moitié de chaque paillette; elles fe trouvent arrangées comme des écus quand on les compte. Les perfonnes qui vifent à l'é-conomie, efpacent un peu plus chaque paillette en travaillant, ce qui devient confidérable fur la quantité; mais l'ouvrage eft moins folide, & les formes moins exactes: cette différence va quelquefois à plufieurs onces entre deux Ouvriers qui brodent chacun un morceau pareil.

On brode en paillettes à deux endroits, c'eft-à-dire, que cette façon de bro-der n'a pas d'envers, & qu'il y a des paillettes deffous comme deffus l'étoffe. Pour opérer, il faut que le métier foit debout entre les jambes de la perfonne qui travaille; elle a deux aiguilles enfilées: quand la premiere aiguille que fiche la main droite, a paffé par le trou d'une paillette que préfente la main gauche, l'étoffe entre deux, la main gauche fiche fon aiguille dans le trou de la paillette

qui

qui eſt de ſon côté , & tout de ſuite dans le trou d'une paillette que préſente la main droite , l'étoffe entre deux ; alors on tire les deux aiguillées en même temps , & le point de friſure de chaque côté ſe met à ſa place comme à l'autre procédé ; on continue ainſi tant que le ſujet l'exige : cette Broderie eſt fort longue & très-rare.

Quelquefois après avoir couſu les paillettes en ſoie , on recouvre cette ſoie de trois ou quatre brins de trait, comme *fig. 6 , Pl. 5* , ce qui laiſſe bien mieux briller les paillettes. D'autres fois on les attache avec de la ſoie rouge ou verte, pour leur donner une teinte d'avanturine ; on en recouvre quelques-unes de points de ſoie courts & longs. Ces variations donnent moyen de faire jouer les objets qui s'avoiſinent , quoique d'une même matiere.

On emploie des paillettes comptées ſur de l'enlevure , pourvu que les formes ſoient ſimples.

On vient tout nouvellement de faire des paillettes colorées une à une , & de la friſure de couleur.

On emploie auſſi les paillettes ſéparément pour former des graines de fruits ou des agréments dans les moſaïques ; on en ſeme des fonds entiers , puis on les attache chacune de deux points d'or en croix.

Depuis qu'on a imaginé de colorier & vernir des lames d'argent , les Brodeurs en font des bouquets & des guirlandes , imitant en quelques ſortes les pierres précieuſes ; ils ont même depuis peu de temps , trouvé l'art de nuer & dégrader le ton de ces lames , en les recouvrant plus ou moins avec des points de ſoie de nuances aſſorties. *Voyez fig.* 11 *, Pl. 5.*

En 1756 , on a imaginé des paillettes d'acier noir-d'eau , & des paillettes de verre noir , pour les Broderies de deuil ; il ne ſe paſſe guere d'années qu'on n'invente quelques petites nouveautés que la mode adopte & réforme tour-à-tour.

On appelle paillettes percées , celles qui le font de pluſieurs trous ; on en varie les formes à l'infini. Celles qui font le plus en uſage , font deſſinées *Pl.* 5 *, fig.* 8 *, f , g , h , i , l , m , n , o , p , q , r* , & l'on en trouve de toutes prêtes chez pluſieurs Tireurs d'or. Celles de la figure 9 , & autres à volonté , doivent être découpées ſuivant le deſſin qu'on en fournit. On voit *fig.* 8 *, bis ,* & *fig.* 9 *, bis ,* la maniere de les attacher avec la friſure ou le bouillon.

De la Broderie en Taillure.

Nous avons dit dans l'Introduction que la Broderie en taillure étoit la premiere & la plus ancienne des Broderies : en voici les procédés.

Soit qu'on la faſſe en étoffe d'or , de ſoie ou de laine , on ponce d'abord ſans ordre & le plus rapproché qu'il eſt poſſible (ſur l'étoffe qu'on veut découper), les fleurs ou compartiments dont on a beſoin , comme *fig.* 11 *, Pl.* 5 ; on les deſſine avec toutes leurs nervures ; on découpe enſuite toutes ces pieces avec des ciſeaux , en les laiſſant de trois ou quatre lignes plus longues aux endroits

qui doivent être recouverts par d'autres. On les numérote par l'envers de numéros pareils à ceux qui doivent être fur chaque partie du poncif, & qui fer-
viront à les reconnoître quand elles feront découpées & qu'on voudra les mettre
en place. Cette premiere opération s'appelle *faire l'épargne.* Si l'étoffe à tailler
eft trop mince, on lui donne de la confiftance en collant du papier à l'envers avant
de la deffiner ; cela empêche les pieces découpées de s'effiler.

Si l'étoffe qu'on veut découper eft précieufe, ou qu'on ait beaucoup de morceaux pareils, voici une autre maniere de préparer l'épargne. On pique deux
papiers enfemble du deffin qu'on veut exécuter ; on découpe un de ces deffins
en autant de petites parties que le deffin le permet ; on réunit toutes ces parties
fans ordre & le plus rapprochées qu'il eft poffible, fur un papier blanc de la largeur de l'étoffe à découper : on trace tous ces contours en crayon bien exactement ; on les pique, & l'épargne eft faite.

On ponce enfuite le deffin général fur l'étoffe qu'on veut broder ; on deffine
légérement & un peu en dedans, les principaux contours ; on deffine encore
les queues, graines, &c, qui ne font point de taillure, comme *K*, *K*, *fig.* 12 ;
puis on enduit de colle ou d'empois l'envers de chaque morceau de taillure,
furtout les bords ; on place chaque morceau fur les contours tracés fur l'étoffe
fuivant les numéros du poncif ; on l'étale & on l'appuie bien proprement au travers d'un papier bien fec, ayant attention que les emmanchements des compartiments interrompus *r*, *r*, *r*, *r*, fe fuivent bien, & ne paroiffent point caffés.

Quand tout eft bien fec, les Ouvriers profilent tous les contours extérieurs,
en mordant un peu les points dans la taillure ; puis ils liferent tous les contours
nervures, revers, &c, avec du cordon ou de la milanefe, comme *l*, *l* ; quelquefois on exprime les ombres par de longs points de foie ou de laine, comme
m, *m*, ce qui s'appelle *harpé* ou *hachebaché.* Quelquefois on enleve le deffous
des feuilles ou compartiments, avec des morceaux de drap ou de ferge, ce qui
s'appelle *emboutir.* Les caparaçons, tapis d'étalage, couvertures de chariots, fe
font ordinairement en laine, de ce genre de Broderie. Les figures de bannieres
pour la campagne, fe font en fatin, & pour les carroffes & meubles riches, la
taillure fe fait de glacé ou de tiffu d'or : on y mêle quelquefois des feuilles ou
des moulures de guipure ou de fatiné, & de petits enjolivements en paillettes.

Il fe fait auffi de la taillure en peaux d'agneau d'Aftracan, ou hermines teintes,
puis rebordées & ornées de chenille ou de paillettes : cette invention n'eft pas
ancienne, & peut encore fe perfectionner.

Comme il feroit prefqu'impoffible d'exécuter en fabrique des étoffes bro-
chées, fuivant les différentes formes des pentes, chantournés, impériales, & autres parties d'un meuble complet, on y fupplée en découpant les fleurs &
feuilles de ces étoffes, pour en former, en les réuniffant fur un fond uni, les
bordures & encadrements convenables, fuivant les contours donnés par le Ta-
piffier. Il a d'abord fallu faire un deffin, où ces fleurs & les queues qui doivent

les emmancher, fuffent tracées ; on bâtit à petits points tout autour, chaque fleur, fuivant la place que le deffin indique ; on la profile de foie affortiffante au fond ou à fa nuance ; on brode à points, les queues, feuilles & autres liaifons néceffaires : on colle l'envers, & l'ouvrage eft fait. Il y a beaucoup d'apprêt à cette forte de taillure. Il y auroit beaucoup d'économie à faire brocher par la Fabrique, toutes les fleurs & feuilles pareilles, fur une même ligne & le plus rapprochées poffible.

De la Broderie en Jais.

La Broderie en jais fe fait en enfilant chaque grain de jais, ou d'une foie bien cirée, ou d'un laiton très-fin, qu'on emploie enfuite comme la foie paffée, fur la fuperficie des objets, *voyez Pl.* 5 , *fig.* 14 , *a, a,* en choififfant les grains plus ou moins longs, fuivant la largeur de l'objet *b , b.* Il faut que le deffin foit compofé exprès pour ce genre de travail, qui ne peut guere exprimer les chofes groupées ou fuyantes : comme le tuyau du jais eft ordinairement fort étroit, quand on le coud avec de la foie , au lieu d'aiguille, on paffe la foie dans la boucle que forme un crin ployé en deux ; cela coule plus librement ; il eft vrai qu'il faut faire le trou dans l'étoffe avec une aiguille, chaque fois qu'on veut employer un grain. Il eft à propos que le point de foie foit un rien plus long que le grain de jais, autrement, ou le jais cafferoit, ou il couperoit la foie qui le coud. On lifere ordinairement le jais avec de la chenille, pour garantir les mains de ceux qui en veulent dans leurs habits ; cette matiere égratigne facilement : elle eft en général d'un mauvais ufage pour les hardes.

On couvre des fonds entiers de jais jaune ou blanc, coufu en plufieurs fpirales qui fe confondent les unes dans les autres , & qui imitent affez bien l'or & l'argent : les fleurs & fruits brodés en chenille reffortent très-bien fur ces fortes de fonds.

On entremêle quelquefois les fleurs brodées en jais, de paillettes de verre, margueritains, & petits grains de différentes formes, comme *c, c, c ,fig.* 14. Le meilleur jais vient de Milan ; il faut qu'il foit court, bien égal de groffeur & coupé bien net : à Paris, ce font les Émailleurs qui le font & qui le vendent.

De la Broderie en Nuances.

La Broderie nuée, foit en foie, en laine ou chenille, exige beaucoup de goût & d'intelligence ; non-feulement elle exprime la forme des objets, comme celle d'or ou d'argent ; il faut encore qu'elle peigne leur couleur & leur dégradation : l'Art de fondre les nuances pour faire fentir la lumiere ou la rondeur, n'eft pas un art facile. Combien de gens s'applaudiffent de leur ouvrage, qui n'en ont pas les premiers éléments ? Non-feulement les points doivent fe courber fuivant les nervures ou les artérioles des feuilles, pour en exprimer le mouvement. *Voyez Pl.* 3 , *fig.* 7 , *a , a , a.* Il faut encore placer les teintes à propos, éviter les épaiffeurs ; elles ôtent la grace & la légéreté de l'ouvrage ; il faut encore, & fur-tout pour les fleurs, éviter la multiplicité des nuances; lesOuvriers médiocres croyent n'en jamais mettre affez; ils n'ofent à propos fauter une ou deux nuances pour heurter les effets : il faut, tant qu'on le peut, faire de grands points dans les grandes parties, la multiplicité des petits points ôte le luftre de la foie ; il eft encore à propos d'éviter de toucher la foie en travaillant, encore moins paffer le dez deffus ; que toutes les fleurs d'une même efpece ne foient pas toutes du même ton, comme il arrive trop fouvent, la Nature en préfente de claires & de brunes, il faut l'imiter, c'eft une maîtreffe fûre.

On brode en foie des tableaux d'hiftoire de toutes grandeurs, des payfages, & quelquefois même des portraits *(a)* ; mais ce font des chef-d'œuvres très-rares, & ceux qui les ont faits ont toujours eu la docilité de fe laiffer conduire par d'habiles Peintres. La foie plate & la trême d'Alais, font les matieres préférables pour ce genre d'ouvrage ; on l'emploie à points fendus & rentrants les uns dans les autres, foit en fuivant le fens des mufcles, foit tout d'un fens, cela eft arbitraire. Il ne faut point d'enlevure fous la Broderie en foie nuée ; cela eft d'auffi mauvais goût que les lumieres en relief dont quelques Allemands ont cru embellir leurs tableaux. Comme la foie plate eft fort groffe quand on l'achette, on la refend facilement avec les doigts par aiguillées auffi fines qu'on le defire.

Les fleurs & compartiments pour meubles ou vêtements, fe brodent ordinairement avec la foie de Grenade, fur-tout fi c'eft en paffé. Quoique les ombres ne foient dans la Nature qu'une privation de lumiere qui préfente les nuances des objets plus fombres & plus éteints, il eft d'ufage de les exprimer, (fur-tout pour les fleurs brodées), par des teintes de plus en plus vives; on n'ofe pas (même pour les chofes qui font fenfées plus éloignées de l'œil), hafarder les demi-teintes ni ces couleurs fales & équivoques qui donneroient tant de fraîcheur aux fleurs dominantes, & les rendroient plus vives & plus faillantes : l'habitude fait qu'on n'eft point choqué de ces contre-fens, qui démentent chaque jour les meilleurs tableaux. Depuis quelque temps on préfere à la foie de Grenade, un cordonnet fin & égal, dont le grain eft plus agréable; nous devons cet exemple aux Chinois, chez qui plufieurs Curieux ont fait broder des habits de la plus grande régularité. Les Marchands en tiennent des affortiments.

Un autre procédé beaucoup plus expéditif, c'eft de lancer une ou plufieurs nuances d'un bout à l'autre de chaque objet, en les fondant l'une dans l'autre; & quand la furface eft toute couverte de foies, on la croife d'autres foies fines afforties aux premieres nuances, & lancées à la diftance de deux ou trois lignes les unes des autres, comme la rofe, *fig. 6*, *Pl.* 3, ou la feuille de vigne, *fig. 4*, *Pl.* 7 ; puis on arrête ces dernieres foies de petits points imperceptibles, ce qui

---

(a) On peut voir un beau portrait de Louis XIV, au Garde-meuble du Roi; les tableaux de quelques ornements d'Eglife, & fur-tout les tableaux brodés du Trône du Roi, à Verfailles, repréfentant les Titans foudroyés, & Jupiter confié aux Corybantes. M. Rivet, habile Brodeur, qui vient de finir ces morceaux d'après les tableaux de le Brun, a bien voulu m'aider de fes lumieres pour différents articles de ce Mémoire.

s'appelle

s'appelle *râcher*, comme le préfente la figure. Ce procédé eft bon pour les grandes parties , & les ouvrages qui ne doivent être vus que de loin. La foie en eft fort luifante : les queues & nervures fe font à points fendus à l'ordinaire.

Quelques Communautés Religieufes brodent fur de gros papier, des cor-beilles & bouquets de fleurs en foie plate , nués à deux endroits ; la levée de point ou jonction d'une feuille à l'autre , fe trouve à-peu-près coupée par le coup d'aiguille répété à côté l'un de l'autre , ce qui nuit à la folidité , & fait que malgré la propreté du travail , ce genre de Broderie n'a guere d'autre ufage que d'être mis fous verre ou dans des livres.

De la Broderie en Chenille.

Il y a deux manieres de broder en chenille , l'une en la coufant fur l'étoffe avec une foie cirée de la même couleur ; les points fe trouvent cachés par les poils de la chenille , quand on a foin de faire le point un peu de biais , du fens que la chenille eft torfe. Cette chenille a d'abord été roulée fur une broche qui fert à la mener ferme en la coufant , & la garantit de la froiffure de la main ; on coupe la chenille , quand la nuance ou l'objet font finis , à un pouce de diftance du dernier point , & ce bout qui déborde , on le paffe au travers de l'étoffe tout au-près du dernier point de foie , avec une aiguille à paffer les bouts. *Voy. Pl.* 3, *fig.* 5.

On peut nuer les grands objets par ce procédé , en faifant les rangées plus ou moins longues , & les continuant de la nuance fuivante ; felon que les om-bres de l'objet l'exigent. Il eft rare de coucher la chenille deux brins à la fois ; cela peut pourtant arriver pour de grands compartiments d'une feule couleur.

L'autre maniere de broder en chenille , eft de l'enfiler par aiguillées courtes dans une aiguille à longue tête , & la paffer au travers de l'étoffe , foit en paffé foit en la nuant à points courts & longs comme on fait en foie pour fondre les teintes ; on ne doit pas employer la chenille double comme on fait la foie ; ce procédé fond mieux les nuances , il fait plus velouté que la chenille couchée. La broderie en chenille à l'aiguille , confomme un peu plus de marchandife , tant à caufe des paffages qu'on fait à l'envers de l'étoffe , que parce que la chenille eft fujette à s'écorcher , fi l'Ouvrier n'a pas l'attention de la foulager en tirant fon point.

Si la chenille s'écorche en travaillant , il faut arrêter le dernier point , défiler fon aiguille , couper ce qui eft écorché , & renfiler le refte s'il en vaut la peine. On ne doit pas faire de nœud au commencement de l'aiguillée , mais l'arrêter de deux ou trois petits points perdus , comme le paffé d'or , *voyez Pl.* 4 , *fig.* 3 , *b, b.* Il ne faut pas non plus matelaffer l'ouvrage en mettant les points trop près les uns des autres , mais feulement laiffer affez peu d'efpace pour qu'on n'apper-çoive pas le fond de l'étoffe entré chaque point.

Quelques perfonnes emploient la chenille en chaînette au crochet , & elle fait un bon effet. Il s'en fait de trois groffeurs différentes : on fent bien que la plus fine se nue mieux, est plus longue à travailler, & plus chere en elle-même : en gé-néral, la Broderie en chenille n'est pas d'un excellent usage ; elle se flétrit fa-cilement, prend & conserve la poussiere.

De la Broderie en Laine.

ON brode en laine fine d'Angleterre à points fendus & en passé, comme on fait en soie ; il n'y a de différence que dans la maniere d'enfiler son aiguille : il faut ployer le bout de l'aiguillée en deux, & faire entrer la boucle que forme cette laine dans le trou de l'aiguille ; il seroit très-difficile d'en venir à bout autrement à cause du ressort des poils dont la laine est formée. On brode en laine fine les armes de bandoulieres, supports de blason, ornemens d'Eglise, robes de femmes, &c. On s'en sert encore en chaînette ; cette matiere a l'avantage de donner des cou-leurs plus vives & de plus de résistance que la soie. Il y en a de toutes les nuances.

Pour les équipages d'armées, & autres gros ouvrages, on se sert de grosse laine, ainsi que pour faire des cordons à liserer la taillure de laine ; ces équi-pages sont moins lourds, prennent moins d'eau, & sont d'un meilleur usage que les caparaçons en tapisserie. L'expérience l'a prouvé.

De la Broderie en Tapisserie.

QUOIQUE la Broderie en tapisserie ne soit pas du ressort des Brodeurs, j'ai cru devoir donner une idée des procédés de ce travail.

On brode en tapisserie gros & petit point des meubles de toute espece ; le dessein étant tracé à l'encre sur du canevas gros à volonté, on le fait retracer par de petits points de filoselle sur tous les contours, pour indiquer les diffé-rentes nuances. *Voy. Pl.* 3, *fig.* 2. Les fils du canevas servent à régler les points de soie ou de laine avec lesquels on brode. Le gros point se fait en embrassant quarrément deux fils du canevas, maille à maille, comme *fig.* 9, *a, a,* tout le long de l'objet, ou du fond qu'on brode ; puis on reprend la même marche en sens contraire, comme *b, b,* ce qui recroise chaque point & bouche absolu-ment les trous du canevas ; on sent bien qu'il faut proportionner la grosseur de la laine à la grosseur du canevas. On plaque d'une ou deux couleurs pour imiter le damas, comme *fig.* 10, ou l'on nue en toutes nuances en se réglant par les fils.

Le petit point se prend d'angle en angle du canevas, *voyez fig.* 8 ; puis re-venant en sens contraire aussi d'angle en angle pour recouvrir : il donne à peu-près le même effet, avec cette différence, que le petit point exprime mieux les formes. Le gros point se fait sur du canevas fin, & le petit point sur de gros ca-nevas. Ce travail a dans son méchanisme quelque rapport avec la mosaïque. Quelques Marchands tiennent en magasin des fauteuils & sophas, dont les nuances font faites, il ne refte que les fonds à faire pour amufer les perfonnes qui ne veulent pas fe donner beaucoup de peine. On brode beaucoup en tapifferie dans les Communautés Religieufes : c'eft un travail facile.

Quelquefois avant de broder, on applique le canevas tout deffiné fur un fond d'or ou de foie ; quand les fleurs ou fruits font brodés en la maniere fufdite, & en embraffant à chaque point l'étoffe qui eft deffous, on coupe la lifiere du canevas, puis on tire adroitement les fils l'un après l'autre, jufqu'à ce qu'il n'en refte pas un feul ; l'étoffe qui étoit deffous & qui fe trouve à découvert, devient le vrai fond de l'ouvrage ; le canevas n'a fervi qu'à régler le point.

Le marly rend le même fervice, & eft bien plus commode ; il fuffit de le découper autour des objets quand la Broderie eft faite, & rien ne paroît. Comme la laine a des couleurs plus vives & qui fe confervent mieux que celles de la foie, on fait volontiers les nuances brunes en laine, & les claires en foie.

De la Broderie en Chaînette & au Tambour.

La Broderie en chaînette dont beaucoup de Dames s'occupent, s'eft long-temps faite ou fur le doigt ou fur un métier ordinaire avec une aiguille à coudre. La ville de Vendôme étoit renommée pour ce genre de travail. Depuis à-peu-près dix ans qu'on nous a apporté de Chine un procédé auffi correct & fix fois plus expéditif, on a abandonné l'autre maniere d'opérer.

Quand l'étoffe a été tendue fur un cercle d'écliffe appellé *Tambour*, voyez *Pl.* 1, *fig.* 7 & 8, & arrêtée avec la fangle bouclée qui l'entoure *b*, *b*, la perfonne qui veut broder prend l'outil, *fig.* 12, dont la pointe *a* forme un crochet ou hameçon imperceptible ; la vis *b* arrête l'aiguille dans un manche *c* de buis ou d'ivoire. La Brodeufe après s'être affife, avoir pris fur fes genoux le métier ou tambour, & tourné devant elle la furface extérieure de fon tambour, qui eft mobile, ou fur des vis *c*, *c*, ou fur un genouil *d*, fiche la pointe de fon outil dans l'étoffe à l'endroit que le deffin lui indique ; elle acroche avec l'hameçon de fon outil, une premiere boucle d'or ou de foie que lui préfente la main de deffous ; elle ramene cette boucle en deffus avec l'outil & l'autre main, en appuyant un peu le dos de l'outil pour ouvrir le trou de l'étoffe ; elle fiche enfuite fon aiguille une ligne plus loin fur le trait deffiné, fans la fortir de premiere boucle ; accroche le brin d'or que lui préfente la main de deffous, le ramene en deffus, le fort de la premiere boucle en contenant l'or un peu ferme avec la main de deffous, & ainfi de fuite ; l'habitude fait le refte. Pour arrêter un dernier point, ou former la pointe d'une feuille, on laiffe le dernier point en l'air ; on en fort l'outil à vuide, & une ligne plus loin on ramene l'or de deffous ; on lui fait embraffer le point qui reftoit en l'air, on tire doucement en deffous, & tout eft arrêté. L'or qu'on emploie doit être fouple & fin ; il faut de l'expérience pour ne le pas écorcher.

Quand la chaînette eſt faite d'or ou d'argent, on la fait cylindrer pour lui donner plus de luiſant ; l'or en s'écraſant ſous le cylindre devient une eſpece de lame brillante : mais l'étoffe y perd quelque choſe de ſa fraîcheur. On liſere au tambour de petits damas, des toiles peintes, des linons brochés.

De la Broderie du Blaſon.

Les émaux du Blaſon ſe brodent ordinairement en cordonnet, couché du même ſens que l'on exprime leur couleur ſur les deſſins & gravures ; c'eſt-à-dire, que l'azur ou bleu ſe couche en travers de l'écuſſon parallélement, comme *fig.* 5, *Pl.* 7 ; gueule ou rouge, ſe couche perpendiculairement, comme *fig.* 6 ; ſinople ou verd, ſe couche en biais de gauche à droite de l'écuſſon, comme *fig.* 7 ; pourpre ou cramoiſi, ſe couche de droit à gauche, comme *fig.* 8 ; ſable ou noir ſe lance à volonté, rabattu en petits carreaux, comme *fig.* 9 : ces rayures ſont conſacrées par les principes du Blaſon. Les métaux qui ſont ou or ou argent, ſe repréſentent par le jaune ou le blanc, pour les ouvrages communs, couché à volonté. Dans les Blaſons précieux, on emploie l'or ou l'argent couché ou ſatiné ; quelquefois même on exprime le champ d'or ou autres pieces qui compoſent le Blaſon, par des paillons découpés à volonté ; ſi ce ſont de très - petits objets, on peut les faire en friſure ou bouillon : rarement trouve-t-on métal ſur métal, ou émail ſur émail ; cela n'eſt cependant pas ſans exemple. Il faut être exact à ſuivre les émaux ou couleurs annoncées par les cachets ou deſſins, pluſieurs familles portant les mêmes pieces, variées ſeulement par les couleurs.

Il ſeroit à déſirer que tout Brodeur eût au moins les premiers éléments du Blaſon.

Il eſt aſſez d'uſage de ſéparer les quartiers qui compoſent le Blaſon, ainſi que les ſurtouts, par une formation ou profil noir. Les couronnes, cartouches, ſupports, &c, doivent être brodés de rapport, afin de pouvoir être emboutis à volonté ; les coliers d'Ordres & leurs croix, demandent de l'exactitude & de la délicateſſe : on peut les faire valoir par des formations de ſoies aſſorties aux objets.

Les yeux des animaux qui ſervent de ſupport aux Blaſons, ſe font ſouvent avec un gros grain de jais noir, rond ou ovale, percé & rattaché de quelques points de ſoie, ce qui exprime très-bien la prunelle.

Le cri des Armes, les deviſes & légendes ſe brodent communément ſur des banderolles de laine ou d'argent couché ; les lettres ſe font en ſoie ou laine noire paſſée. Pour bien exprimer les angles & les déliés de chaque lettre, il eſt à propos d'en tracer d'abord les contours par des ſoyes lancées d'un bout à l'autre de chaque jambage : puis recouvrir ces jambages & les ſoyes qui les tracent (ſans les déranger) en paſſé pris un peu de biais. Je ſuppoſe que l'Orthographe a bien été obſervée par celui qui a fait le deſſein.

De la Broderie en Fourrure.

D E P U I S qu'on a réuſſi à teindre l'hermine en toutes couleurs, les Brodeurs en ont fait des compartiments & des fleurs découpées, colées & ornées de graine & liſiere de paillettes; on y mêle de la peau d'agneau d'Aſtracan, ſur laquelle on brode des compartiments de paillettes. Quand on ne veut qu'imiter la fourrure, on lance le compartiment qu'on projette, en ſoie plate, aſſortie à la peau qu'on veut imiter; puis on fait les poils à claire-voie, en ſens contraire à la ſoie, avec de la chenille auſſi aſſortie. Ces nouveautés ont aſſez le caractere de l'hiver, & réuſſiſſent très-bien. Il ſe fait auſſi des Broderies en plumes de geai & de perdrix, râchées de ſoies aſſorties, & bordées de paillettes; on fait encore des compartiments d'aîles de mouches cantharides & autres ſcarabées colorés, rabattus de fils d'or, & mille autres inventions qui écloſent de temps en temps.

De la Broderie de Marſeille.

L A Broderie de Marſeille ſe fait en piquant de petits points de fil blanc, tous les contours des compartiments ou fleurs deſſinées en blanc ſur de la batiſte ou mouſſeline doublée d'une autre toile plus forte & tendue ſur un métier ordinaire. Quand tous les objets ſont ainſi piqués, on retourne le métier, puis avec un poinçon ou la tête d'une groſſe épingle, on inſinue plus ou moins de coton filé entre les deux étoffes, par un petit trou fait à l'envers de chaque fleur, pour leur donner du relief. Quand on a ainſi rembouré tous les objets, en prenant bien garde de crever la batiſte ou mouſſeline, on retourne le métier, puis on ſeme tous les fonds du deſſin de nœuds de fil, faits à l'aiguille l'un après l'autre & très-preſſés, ce qui produit un fond ſablé & les fleurs liſſes aſſez agréables, ſur-tout pour des meubles de bains.

Les couvre-pieds & vêtements piqués, ſe font un peu différemment; après qu'on a tendu ſur un métier l'étoffe qui doit ſervir de doublure, on la couvre en plein d'une légere couche de coton cardé; on recouvre le tout de la belle étoffe que l'on fixe bien étendue, par des points ou des épingles tout autour; on trace légérement avec de la craie, les écailles, carreaux ou moſaïques que l'on veut repréſenter; puis on pique tous les contours de petits points de ſoie ou de fil aſſorti à l'étoffe. Les Tapiſſiers ſe ſont arrogés le droit de broder des lits ſuivant ce procédé, ce qui a donné matiere à quelques procès.

De la Broderie en Nœuds.

O N brode des robes, des meubles, en couſant à petits points les nœuds que font les Dames en s'amuſant avec leur navette, *voyez Pl. 5, fig.* 10. Il n'eſt pas beſoin, comme à la Broderie en chenille, de paſſer les bouts chaque fois qu'on eſt obligé de couper, il ſuffit d'arrêter le dernier nœud de deux points de ſoie : il y a peu d'ouvrages auſſi ſolides. Quand les objets ſont un peu gros, on peut les nuer comme avec la ſoie ; on recouvre quelquefois par de gros & grands points de ſoie, pour exprimer des maſſes de lumiere, ou des formations d'ombre, tout cela dépend du goût. Il y a des nœuds de différentes groſſeurs ; il s'en fait en laine, en fil, en ſoie ; ceux à deux côtés, *Pl. 5, fig. 15*, ſont très-propres à liſérer les grands compartiments.

De la Broderie en Blanc.

On brode ſur mouſſeline en coton, fil plat, ou fil de Maline, à points piqués, en chaînette, ou en une infinité de petits jours, ou moſaïques, imitant les points de dentelle ; ce qui ſe fait par différentes combinaiſons des fils de la mouſſeline qu'on reſſerre les uns près des autres avec des points de fil très-fin comptés ré-guliérement. Si cette Broderie eſt deſtinée à faire des manchettes, on y fabrique une dent, ou en points noués, ou en petits œillets : quelquefois on brode deux mouſſelines enſemble, ſoit en brodant les contours du deſſein qu'on met deſſous, d'un cordonnet qu'on coud à petits points & qui embraſſe les deux mouſſelines ; ſoit en liſérant les objets d'un point noué ou d'une chaînette ; puis on découpe l'une de ces deux mouſſelines, autour des fleurs & des feuillages. On ne deſſine point la Broderie de mouſſeline ſur l'étoffe ; mais on bâtit à petits points la mouſ-ſeline ſur le deſſein, qui doit être en papier ou parchemin jaune ou verd.

On peut avoir chez ſoi nombre d'Ouvrieres de cette eſpece ſans craindre les Jurés-Brodeurs.

Tout ce qu'on brode en or ſe peut exécuter en argent ; la différence eſt à peu-près du tiers pour le prix des matieres, le prix de la main-d'œuvre eſt le même : tout l'or que l'on emploie en Broderie n'eſt que de l'argent doré : le Mémoire du Tireur d'or eſt utile à conſulter ; il a beaucoup de rapport avec ce-lui-ci.

Les odeurs fortes noirciſſent facilement la Broderie, ſur-tout celle qui eſt faite en argent ; on la nétoie avec de la mie de pain raſſis, qu'on fait chauffer dans un poëlon bien net ; on répand cette mie toute chaude ſur la Broderie, on la frotte avec la paume de la main, on l'étend de façon qu'il y en ait par-tout ſur l'ou-vrage, on couvre le tout de pluſieurs linges ; quand tout eſt refroidi, on re-tourne le métier, on le bat par l'envers avec une baguette ; on vergette la Bro-derie, puis on colle avec de la gomme ou de l'empois bien étalé ſur l'envers de la Broderie.

On la nétoie encore avec du talc calciné & tamiſé très-fin, ou de l'os de ſeche pulvériſé. Quelques perſonnes ont l'art de rendre à l'or noirci & très-paſſé, ſa couleur & ſon éclat, ſans altérer le fond de la Broderie ; mais c'eſt un ſecret de pere en fils, dont une famille à Paris fait dépendre ſa ſubſiſtance.

On rend encore à l'or blanchi ſa couleur pour quelques inſtants, en l'expoſant à la fumée de plumes ou cheveux brûlés.

Il y a quelques autres procédés dérivés de ceux-ci, qu'on peut étendre à l'infini, ſuivant les matériaux qu'on emploie, & le génie de ceux qui operent : j'ai tâché d'indiquer dans ce Mémoire, ceux qui ſont les plus familiers.

Pour montrer la variété des goûts dans l'eſpace d'environ un ſiécle, j'ai joint à la fin de ce Mémoire, pluſieurs deſſeins exécutés à vingt ou trente ans les uns des autres, pour des Bordures d'habits d'hommes.

Fin de l'Art du Brodeur.

EXPLICATION

DE QUELQUES TERMES

PROPRES A L'ART DU BRODEUR.

Aiguilles ; il en faut de plusieurs sortes :
Aiguille de trois pouces de long, grosse à proportion, propre à enfiler la ficelle.

Aiguilles moyennes pour l'enlevure en fil.

Aiguilles à soie & à cul rond. ,

Aiguilles de la plus grande finesse pour employer la frisure.

Aiguilles à chenille, d'un bon pouce de long, la tête fort ouverte.

Aiguille sans pointe pour la tapisserie sur canevas.

On achette ces différentes Aiguilles à la *Coupe* & à l'*Y grec*, rue Saint-Honoré.

Aiguille a passer les bouts ; c'est une grosse Aiguille enfilée deux fois d'un même fil ou cordonnet, formant une boucle dans laquelle le Brodeur fait passer chaque bout d'or ou de chenille qu'il veut faire passer au travers de l'étoffe pour l'arrêter. *Voyez Pl. 3, fig. 5.*

Aiguille a chaînette pour broder au Tambour, doit être très-polie, la pointe ou hameçon bien dégagé : il y a beaucoup de choix ; les meilleures se prennent chez les Couteliers.

Les Brodeuses cassent beaucoup d'aiguilles. On donne pour les aiguilles quand on veut hâter les Ouvriers, ou qu'on va les voir travailler. Les bons Ouvriers enfilent leur aiguille à tâtons en dessous le métier.

Aiguillée, bout d'or ou de soie proportionné à l'étendue du bras de celui qui l'emploie ; quand on l'a enfilée, il faut larder deux ou trois fois la soie avec la pointe de l'aiguille, & la faire passer tout au travers pour former vers la tête une boucle imperceptible qui l'empêche de se défiler : en commençant à travailler, il faut arrêter le bout de l'aiguillée dans l'étoffe, par deux ou trois petits points perdus ; cela est plus propre que de faire un nœud. On en fait de même en finissant l'aiguillée avant de la couper en dessous ; ce qui reste dans l'aiguille, se met au Bouriquet.

Argent. L'argent de Lyon est d'un meilleur usage pour passer que l'argent de Paris : on le vend 56 livres le marc.

Battre. Il est à propos de battre le métier avec une baguette avant de travailler, pour faire tomber ce qui pourroit rester de ponçure ; il faut encore le battre bien fort sur l'envers de la Broderie quand elle est faite, pour faire sortir toutes les ordures & mie de pain qui ont servi à la nétoyer.

Battu, trait d'or très-fin, passé au cylindre & rendu en lame polie.

Bille, partie de la châpe qui sert à réunir les deux devants, & les fixer sur les épaules de celui qui la porte avec le secours de deux agraffes. *Voyez Pl. 6, fig. 4, a.*

Blanc a dessiner. Il faut broyer le blanc de céruse avec de l'eau ; puis quand il est bien fin, y mettre un peu de gomme d'Arabie, un fiel de carpe ou un peu d'eau-de-vie, pour le rendre coulant ; il en faut faire un bon pot à la fois, le blanc devient meilleur en vieillissant : il faut le remuer souvent avec un petit bâton. On l'emploie indistinctement au pinceau ou à la plume.

Bleu d'Inde, se prépare de même, & sert aussi pour ordonner sur les fonds.

Bobines, petit cylindre de bois blanc percé, sur lequel on dévide l'or ou la soie ; il y en a de différentes longueurs & grosseurs. Les Tireurs d'or vendent l'or à passer & le cordon sur des bobines par onces séparées ; la tare de la bobine & la grosseur de l'or sont marquées sur la patte de chaque bobine. *Voyez Pl. 1, d, d.*

Dans les grands atteliers, on enfile les bobines de soie en chapelets de différentes nuances, de peur qu'elles ne s'égarent, comme *Pl. 1, fig. u.*

Bords, coupons de dessin, d'environ dix pouces, lavé & marqué des différentes matieres qui doivent l'exécuter ; il faut en avoir souvent de nouveaux, pour donner à choisir aux Seigneurs, qui ne veulent presque jamais du dessin qui a été exécuté pour un autre. *Voyez Pl. 4, fig. 1, 3 & 5.*

Boucles, se font en enfilant un point de frisure ou bouillon dans une aiguillée déja arrêtée dans l'étoffe ; puis fichant son aiguille tout à côté du trou par où elle a passé, en tirant la soie en dessous, le grain de frisure forme un petit arcade qu'on nomme *boucle*, *Voyez Pl. 5, fig. 8, bis f.* On en entoure souvent les grandes paillettes, & quelquefois des compartiments entiers.

Bouillon, petite lame qui a été roulée en tire-bourre sur une longue aiguille, & qui forme un tuyau d'environ 12 pouces. On le

coupe

coupe par grains de deux ou trois lignes de long, pour l'employer, ainsi que la frisure, en l'enfilant de soie.

BOURIQUET, petite boîte de carton qui court sur le métier, dans laquelle les Ouvriers amassent les bouts d'or égorché, les nœuds, les paillettes mal faites, & tout ce qui doit aller au déchet.

BOUTIQUE. On nomme ainsi le lieu où travaillent les Ouvriers, quoique ce soit assez ordinairement une chambre haute. Il doit y avoir au haut de chaque mur, de longues fiches de fer bien scélées, comme *pl. 2, fig. 9*, pour accrocher les métiers quand ils embarrassent ou quand ils sèchent.

BOUTS : mot qui sert à exprimer les différentes grosseurs de l'or de Paris ; ainsi deux bouts, trois bouts, quatre bouts, désignent le nombre de soies sur lesquelles l'or est filé. La grosseur de l'or de Lyon se désigne par une S marquée sur la patte des bobines, ainsi $\frac{2}{5}, \frac{1}{5}, \frac{4}{5}, \frac{5}{8}, \frac{6}{5}, \frac{7}{5}$. *Voyez d, d, Pl. 1.*

BRANCHE, se dit de la frisure & du bouillon, dans l'état qu'on l'achete avant de la couper par petits grains. Il faut tirer chaque branche de frisure sur sa longueur, pour que la spirale en soit un peu moins serrée ; si on l'alongeoit trop, chaque tour d'or laisseroit voir la soie qui l'enfile, ce qui est contraire aux Ordonnances. On coupe avec des ciseaux cinq ou six branches de frisure en même temps.

BROCHE, est un outil de buis, *voyez pl. 1, fig. r*, ayant six pouces de long, avec une patte triangulaire pour l'empêcher de rouler quand on s'en sert ; c'est sur la partie évuidée de la broche qu'on dévide l'or à coucher ou la chenille ; on en passe les bouts dans la fente *x*, en travaillant ; on ne touche que la broche & jamais l'or, de peur de le flétrir ; on le dépasse du bec ou de la fente, à mesure qu'on l'emploie ; on en déroule quelques tours, on les repasse dans la fente, ce qui le contient & sert à le mener ferme en travaillant.

BROCHETTE, *pl. 1, fig. n*, outil qui sert à tenir une bobine d'or ou de soie qu'on veut survuider sur une autre à l'aide du rouet. *pl. 3, fig. 3.*

BRODEUR ou BORDEUR, Ouvrier qui emploie l'or ou la soie sur une étoffe déja fabriquée : la Communauté des Brodeurs est sous l'invocation de Saint Clair. On nomme *Grenouilles*, les fausses Ouvrieres, à cause que gagnant moins que les Maîtres, elles ne boivent que de l'eau.

BRODOIR, petit métier qui sert à fabriquer un petit galon sur l'épaisseur de deux étoffes brodées séparément, puis réunies. Cet outil appartient aux Boursiers ; on envoie au Brodoir, chez eux, les parements d'habits d'homme, mitres, &c.

BRUSLÉ. On brûle le déchet & les vieilles Broderies pour en extraire la soie & les corps étrangers. Si les Orfévres n'ont pas eux-mêmes brûlé l'or filé, ils ne l'achetent que comme de l'argent, n'en pouvant faire la différence qu'au creuset ; ils paient l'once d'or sept livres, & l'once d'argent six livres cinq sols.

CALLE, petite cheville de bois qu'on fait quelquefois entrer à force dans la mortaise extérieure du métier, pour contenir les lattes quarrément, quand elles sont beaucoup plus étroites que les mortaises.

CALQUER, se fait en dessinant sur du papier huilé, tous les traits d'un dessin qui est dessous, & qu'on voit au travers. On calque sur le papier verni avec une pointe. On calque encore un dessin à pointe ou à milieu, quand après avoir dessiné une moitié un peu ferme, on ploie le papier en deux, & qu'on gratte par l'envers avec l'ongle ou quelques corps durs & polis, ce qui répete l'objet tout entier.

CANETILLE. On nomme ainsi dans la société, la frisure & le bouillon.

La canetille est aussi un gros trait d'or ondulé ou bouclé, puis applati au cylindre, dont on borde quelques fleurons & des Croix d'Ordres. Les Boutonniers en emploient plus que les Brodeurs.

CANEVAS, c'est une toile dont les fils plus ou moins gros sont toujours à une ligne de distance les uns des autres en tous sens : il s'en fait de différentes largeurs. Il faut lisser le canevas avant de le dessiner. Le canevas sert pour la tapisserie de gros & petit point. On s'en sert aussi pour remplir les vuides des morceaux échancrés quand on veut les tendre sur le métier.

CERCEAUX : ce sont des anneaux de trait de cinq ou six lignes de diametre, écrasés & polis comme le clinquant : on ne s'en sert que dans les ouvrages communs.

CHANLATTE : c'est une piece de bois de cinq à six pouces d'épaisseur & de toute la largeur de la Boutique, que l'on a attachée ou scélée le long du mur des fenêtres, à la même hauteur des tréteaux, & qui en tient lieu pour porter un des bouts des ensubles. *Voyez pl. 2, fig. d, d, de la Vignette.*

CHAPELET, bobines chargées d'une nuance suivie & enfilée pour les trouver plus facilement. *Voyez pl. 1, fig. u.*

CHASUBLIERS. Des Brodeurs ont embrassé cette branche de commerce, qui n'a guere de rapport à leur Art : ils taillent, doublent & montent les ornements d'Eglise. J'ai cru qu'il suffiroit de la Planche 6, pour donner une idée de l'économie avec laquelle on taille les ornements d'Eglise.

CHENILLE. Le paquet de chenille de quatre brins, chacun de quatre aunes, pese ordinairement un gros trois quarts : en couleurs ordinaires, comme gris, jaune, verd, bleu, on le vend vingt fols ; en rouge & cramoifi, vingt-cinq fols. Ce font les Rubaniers qui font & vendent la chenille. Il faut, pour être bonne, qu'elle foit bien fournie de poils & coupée bien également : on en fait de plufieurs groffeurs ; celle filée fur fil eft moins chere & moins bonne. On emploie la chenille ou paffée à l'aiguille, ou coufue fur l'étoffe, ou en chaînette au crochet.

CLINQUANT. C'eft un gros trait d'or paffé plufieurs fois au cylindre luifant & poli. Les Tireurs d'or en tiennent de plufieurs largeurs & épaiffeurs ; ils en ont auffi de pliffé. Le clinquant s'emploie ou coufu à plat avec de la foie, ou recouvert de bouillon, ou guipé fuivant le goût.

CLOUS A TENDRE : ce font deux chevilles de fer, de dix à douze pouces de longueur, qui fervent à bander l'étoffe en chaffant la latte de la mortaife jufqu'à ce que le métier foit affez tendu.

CLOUS : il en faut quatre d'environ trois pouces de long ; ils fervent à contenir les enfubles dans le plus grand éloignement poffible, quand le clou à tendre a fait fon office.

COLLER. Quand la Broderie eft finie, mife en taille, nétoyée, battue & broffée, on la colle avec de l'empois blanc, de la gomme d'Arabie, & même de la colle de Gand pour le gros ouvrage ; on l'étale beaucoup par l'envers en frottant avec la paulme de la main. Cette opération rend à l'étoffe fa fermeté, & fert à arrêter les bouts d'or ou de foie qui font en deffous. Comme fouvent la Broderie fe fait au poids, les Ouvriers chargent l'envers de beaucoup de gomme pour en impofer ; fi la Broderie eft de groffe enlevure, on fe fert de colle de Flandre. Il faut bien laiffer fécher la colle avant de détendre le métier, autrement l'étoffe fe griperoit, & feroit des grimaces. Si l'on eft fort preffé, on peut avoir recours à quelques réchauds de feu pour faire fécher plus vîte, en prenant garde de les approcher trop près de l'étoffe.

CORDON. Les Tireurs d'or en tiennent de tout fait en deux brins d'or, qu'on paffe à l'aiguille comme le paffé ; cette matiere étant plus terne que le filé, convient pour faire des fonds de compartiments ou revers de fleurs.

Les Tordeurs font des cordons de trois, fix, dix, & feize brins d'or tord au rouet pour liférer les compartiments. L'or rebours eft deftiné à faire les cordons. J'ai dû dire quelque part qu'on n'embraffe pas le cordon avec la foie qui le coud ; mais on la fiche dans le retors, & le point fe trouve caché.

CORDONNETS. Les Marchands de foie en botte tiennent des cordonnets de toutes couleurs pour la chaînette & la Broderie imitant les Indes. Le bon cordonnet doit être de trême d'Alais, bien égal & point bouraffeux.

on le vend quatre livres l'once.

COUCHURE : on nomme ainfi l'or coufu à plat en deux ou trois brins à côté les uns des autres, qu'on conduit avec une broche. La rencontre des points de foie qui coufent l'or, forme à volonté des lofanges, écailles, chevrons, dont la couchure emprunte fes différents noms.

COUPON : c'eft l'étendue d'un bout de deffin ordinairement de fept à huit pouces, qui fe raccorde par fes extrémités, & que l'on répete autant de fois qu'on en a befoin pour faire une bordure.

COUTISSE : c'eft une fangle de trois pouces de large, que l'on ploie en double fur fa largeur, & dont on cloue les deux lifieres enfemble le long de chaque enfuble, entre les deux mortaifes parallèles ; *voyez pl.* 1, *fig.* 2, *a*, *a* : c'eft à la coutiffe que l'on coud l'étoffe en commençant à tendre ; *voyez fig.* 6, *b*, *b*. Quand les coutiffes font ufées ou arrachées, on rifque de mal tendre fon métier. Le Maître doit les renouveller.

CROCHET, outil pour broder au tambour, *voyez pl.* 1, *fig.* 12, compofé d'une aiguille *a*, dont la pointe fe termine en un très-petit hameçon. Cette aiguille eft arrêtée par une vis *b*, dans un manche *c*, de buis ou d'ivoire. Ce manche eft creux, fon couvercle *d* eft à vis, & peut contenir plufieurs aiguilles, pour en changer fuivant les différents fonds, ou quand on les caffe.

CUL-DE-POULE, lame épaiffe & reployée en zigzag, dont les Boutonniers font plus d'ufage que les Brodeurs. Les Allemands en emploient beaucoup dans leurs ouvrages.

DÉCOUPEURS Brodeurs, font ceux qui découpent avec un fer les compartiments de vélin ou de papier qu'on met fous la guipure & quelquefois fous le paffé. Ils travaillent fur une table de tilleul pour foulager la pointe de leur fer ; ils le tiennent à pleine main, & parcourent fucceffivement tous les traits tracés fur le vélin, en appuyant à chaque coup de fer fur le manche avec la paume de la main droite ; le doigt index de la main gauche fuit de près la pointe du fer, pour contenir le vélin qui releveroit chaque fois qu'on releve l'outil. Le Découpeur doit favoir un peu deffiner pour conferver les formes en traçant fon deffin fur le vélin ; il doit éviter de faire des hoches à chaque coup de fer, & conferver purs tous les contours.

Quand tout le deffin eft évuidé, il tire avec une pince les brides qui lioient plufieurs vélins enfemble ; car j'oubliois de dire qu'il en découpe quatre ou cinq en même temps. Les rognures fervent à faire de la colle.

Le Brodeur découpeur, découpe auffi des lames d'or ou d'argent liées plufieurs enfemble avec des brides, de telle forme qu'on l'exige ; il a fallu qu'il couvrît la premiere lame d'un papier fin fur lequel il a tracé fon épargne. Les rognures vont au déchet, & font confidérables : elles renchériffent beaucoup ces fortes de paillons.

Il les perce enfuite tout autour avec un poinçon & un petit marteau, pour qu'on puiffe les coudre. Les paillons vernis fe découpent de même.

Ils découpent auffi des lames de bois, de carton & d'étain, pour garnir les ouies des guittares & tympanons.

DÉGAUCHIR. Quand le métier eft mal tendu, qu'il tombe ou qu'il reçoit quelque coup confidérable, la Broderie, & fur-tout la couchure, fe relâche & fe dérange, ce qu'on nomme *dégauchir*. On prévient ces accidents en calant les lattes, ou les attachant au milieu du tréteau avec une corde.

DESSIN MARQUÉ. Pour les bordures d'habits d'homme & autres, dont le même coupon fe répete plufieurs fois, l'Entrepreneur marque fur un coupon piqué, les matieres différentes dont il veut que chaque fujet foit traité ; afin que les parties qui fe brodent dans différentes maifons, fe trouvent conformes quand on les réunit. Les fignes de ces matieres font de convention ; affez communément un *o* fignifie paillettes, un *x* le paffé ; les points : : le cordon ; la frifure s'exprime par des hachures en biais, le bouillon fe marque en crayon rouge, & ainfi des autres matieres. On donne un pareil coupon dans chaque atelier. Il eft bon de veiller de temps en temps à ce qu'on s'entende bien.

DÉTENDRE. Il ne faut détendre le métier que quand la colle eft bien féche. On commence par ôter le gareau, s'il y en a un ; on tire les ficelles qu'on dévide tout de fuite fur les doigts écartés en écheveau, pour s'en fervir une autre fois ; à l'aide des clous à tendre, on ôte les quatre petits clouds, on retire les cales & les lattes des mortaifes ; puis avec des cifeaux on coupe les fils qui coufoient l'étoffe à la coutiffe ; on découd le galon, on épluche tous les points : toutes ces opérations doivent fe faire avec des mouvements doux, en prenant garde de chiffonner l'étoffe ; enfuite on la ploie en mettant des linges ou du papier fin dedans, pour la ferrer ou pour la livrer.

Si c'eft de la Broderie de rapport, on découpe par l'envers avec des cifeaux, tout ce qui n'eft pas compris fous la Broderie, puis on la paffe à la balance pour favoir à combien elle revient.

DEZ. Le dez fert à pouffer l'aiguille dans l'étoffe, & garantit les doigts de l'Ouvrier ; il en faut néceffairement deux pour travailler à l'enlevure : il en faut de piqués à gros & petits trous, fuivant la groffeur des aiguilles dont on fe fert. On fait des dez d'or, d'argent, de cuivre & d'ivoire ; ceux de cuivre font d'un ufage plus commun.

Il faut bien fe garder de liffer les fleurs de foie avec le dez ; cette opération que font à chaque point les Ouvriers médiocres, ternit la foie & lui ôte fon luftre.

DILIGENT, machine pour mettre également & promptement plufieurs brins d'or fur une broche fans le manier, *voyez pl.* 1, *fig.* 1 ; il fuffit de tourner la manivelle *a*, après avoir ferré la broche *b*, entre le pignon *c*, & un petit vérouil *d*, jufqu'à ce que la broche foit pleine ; on coupe avec des cifeaux le fil d'or qui tient aux bobines ; on lâche le vérouil, puis on paffe les bouts d'or de la broche dans une fente qui eft vers la tête *x*, *fig. r*, & l'or eft mis plus promptement & plus ferme. Cette machine, que plufieurs Brodeurs ont adoptée dans les temps où la couchure étoit beaucoup d'ufage, a été inventée en 1733, par M. de Saint-Aubin, mon pere.

DOIGTIER, c'eft un petit aneau de cuir ou de fer-blanc, qu'on met fur la feconde phalange du petit doigt pour le garantir d'être écorché en tirant le point.

Il y a un autre doigtier dont on arme l'index de la main droite, pour conduire la grande aiguille en brodant au tambour ; ce doigtier a une petite hoche dans fa partie fupérieure, fur laquelle repofe l'aiguille en travaillant.

DORURE. On appelle *dorure*, la Broderie enlevée, foit d'or, foit d'argent. Ce terme n'eft guere d'ufage qu'entre les gens du métier.

DOUX. Poncer fur le doux, c'eft frotter la poncette fur le côté du deffin par où le perçoir eft entré en piquant : les erreurs qu'on fait en fe trompant de côté, font fouvent de conféquence pour les chofes qui font regard, comme devants d'habit, houffes, bordures, &c. Il faut poncer un côté fur le doux, & l'autre fur le rude, en retournant le deffin ; il faut, avant de poncer pour la feconde fois, fecouer ou effuyer le deffin pour qu'il ne poële point l'étoffe.

EFFILER. Il faut effiler les aiguillées d'or avant de les enfiler, environ de la longueur d'un pouce à chaque bout, pour pouvoir larder & arrêter l'or à la tête de l'aiguille ; & l'arrêter dans l'étoffe en commençant à travailler. Cet effilage donne néceffairement un gros par once de déchet.

EGRATIGNEURS Brodeurs. Il a été de mode (& l'ufage & le talent en font à peuprès perdus) qu'après avoir tracé fur fatin avec une pointe un fujet quelconque, le Brodeur égratignoit l'étoffe avec un fer à découper, fuivant les contours tracés. Cette efpece de gravure, qui loin d'ajouter à la furface de l'étoffe, l'altéroit beaucoup, étoit du reffort des Brodeurs : ils découpoient auffi les boucles du velours bouclé, fuivant les deffins qu'on leur demandoit : cette mode a fait place à d'autres.

36

EMBOUTIR, c'eſt élever des fleurs ou compartiments de Broderie avec des morceaux de drap ou de feutre, qu'on coud ſur l'étoffe avant d'y rapporter les morceaux de Broderie qui ont été faits ſéparément. On en coud quelquefois pluſieurs les uns ſur les autres, en en diminuant la grandeur pour varier le relief de la Broderie. Les blaſons de couvertures de chariots, ſont ſouvent emboutis de crin ou de laine.

EMPORTE-PIECE, outil de fer long de quatre pouces, & gros de ſix à huit lignes, terminé à un bout par une petite hotte évuidée & tranchante en ſon extrémité, de forme ou d'ovale, ou d'étoile ou de roſette, *voyez pl. 1, fig. i, i, i*. Pour s'en ſervir, on poſe la lame d'or ou d'argent ſur une table de plomb, puis avec un maillet *l*, dont on frappe ſur le haut de l'emporte-piece en le tenant bien perpendiculaire; on taille d'un ſeul coup des paillettes de la forme de l'outil: elles ſortent à meſure par le haut de la petite hotte *k, k, k*.

ENFILER. Comme chaque aiguillée de ſoie ou de laine, forme à ſon extrémité une petite houppe ou pluſieurs filets imperceptibles & de différentes longueurs, *voyez pl. 1, fig. s*, on a quelquefois bien de la peine à les faire entrer tous enſemble dans la tête de l'aiguille; pour y réuſſir, ou il faut mouiller le petit bout de l'aiguillée pour en réunir les brins, ou il faut en former une boucle *x*, qu'on rend aiguë, ſoit en la pinçant avec les dents, ſoit en paſſant ferme l'aiguille dans cette boucle, comme ſi on vouloit la couper en ſon extrémité *x*; puis on enfile cette boucle dans la tête de l'aiguille, puis on paſſe l'aiguille & l'aiguillée dans cette boucle pour arrêter.

ENLEVURE, ſe fait quelquefois ſur du carton modelé, & plus communément ſur du fil: les bons Enleveurs ſont plus chers que ceux qui couchent l'or. On enleve le deſſous de la couchure par quelques points de gros fil de différents ſens & de loin en loin, ou ſous les extrémités des compartiments, en chevrons, barres, écailles, pour donner quelque ondulation de lumiere à l'or couché.

ENSUBLES ou ENSOUPLES: ce ſont deux morceaux de cœur de chêne d'égale dimenſion & longs à volonté, équarris ou arrondis de quatre à cinq pouces de diametre; à ſix pouces de chaque bout, doit être une mortaiſe de part en part ſur les quatre faces, *voyez fig. 2, pl. 1*. Cette partie du métier ou enſuble, doit être plus renflée que le reſte; c'eſt dans une de ces mortaiſes *a, a, a, a, fig. 6*, que doit entrer la latte *b, b, b, b*. Depuis cette mortaiſe juſqu'à ſa parallele, doit être une ſangle ou coutiſſe clouée de petits clous très-près les uns des autres & très-enfoncés: c'eſt à cette coutiſſe qu'on coud l'étoffe, en commençant à tendre le métier. Les Bro-

deurs ont par paires des enſubles de différentes longueurs. Quoique les enſubles de fer ſoient peu en uſage, elles ſont d'une bien plus grande commodité, tant à cauſe de leur plus grande réſiſtance, que parce qu'étant plus mignones, les Ouvriers les embraſſent mieux, & peuvent atteindre plus avant au milieu de l'étoffe. *Voyez pl. 1, fig. 10*, une enſuble de fer revêtue de groſſe toile pour y pouvoir coudre la ſangle, & *fig. 11*, les vis de fer tenant lieu de lattes. J'ai eu à moi un métier de cette façon, & malgré ſa peſanteur je le trouvois plus commode.

EPARGNE. Faire l'épargne, c'eſt deſſiner ſans ordre & le plus rapproché qu'il eſt poſſible, ſur du vélin, du papier ou de l'étoffe, les objets qu'on doit découper enſuite, pour les placer ſuivant le deſſin général: on rapproche ainſi les objets pour économiſer la matiere; ainſi la figure 11 de la Planche 5, eſt l'épargne de la figure 12, même Planche.

ETOFFES. Les Ouvriers nomment ainſi les différentes matieres que leur diſtribuent les Entrepreneurs.

FAVEURS, Vernis, Avanturines, ſont pluſieurs brins d'or & de ſoie tors enſemble au rouet, dont les Brodeurs cachent les épaiſſeurs de l'enlevure en vive-arête; ils couchent ces matieres à points de ſoie; quelquefois ils en font des fonds de compartiments & des troncs d'arbres.

FERS, outils pour découper le vélin ou les lames; *voyez pl. 1, fig. t, t*. Les Brodeurs en ont de différentes longueurs: ce ſont des lames bien trempées, montées dans des manches de bois; quand elles ſont neuves, le Découpeur les garnit de bandes de peau, crainte de ſe couper en travaillant; il ſuffit que la pointe de la lame ſoit découverte de trois à quatre lignes.

FICELLES. On acheve de tendre le métier avec des ficelles qu'on paſſe deux fois dans chaque boucle du treliſſage, comme *fig. 6, pl. 1*; puis autour des lattes alternativement. La ficelle en pelotte eſt moins commode que le fil d'emballage en trois. Les ficelles s'alongent & ſe relâchent pendant le cours de l'ouvrage: il faut les tirer pluſieurs fois.

FOND. On appelle *fond*, l'étoffe ſur laquelle on brode, & celle ſur laquelle on applique les morceaux de rapport: on dit, *ordonner les fonds, délivrer les fonds*.

FRISON, trait bouclé & applati au cylindre, dont on orne quelquefois la Broderie: il eſt peu d'uſage en ce pays-ci.

FRISURE, eſt un trait d'or mat, roulé en tire-bourre ſur une grande aiguille, formant un tuyau que les Brodeurs coupent par petits bouts de deux ou trois lignes; pour les employer, il faut les enfiler de ſoie grains à grains comme le bouillon. La friſure eſt un peu plus ſolide. Il s'en fabrique de pluſieurs

groſſeurs

grosseurs : on en fait des graines de fleurs en boucles & en poires ; on la guipe pour faire des nervures & de petits osiers fort agréables.

GALONER, c'est border les parties des étoffes qui n'ont point de lisiere & qui sont taillées juste, pour les empêcher de s'effiler & pour résister à l'effort des ficelles. On prend pour galoner de bon ruban de fil à trois ou quatre sous l'aune : il peut servir plusieurs fois.

GARDE-MAIN : c'est un papier ou un parchemin percé d'un trou grand comme un écu, pour ne laisser rien à découvert, que la place où l'Ouvrier travaille : peu de Brodeuses veulent s'en servir.

GAREAU : c'est un outil composé de deux bandes de fer de six à huit lignes d'épaisseur, chacune moins longue que la largeur du métier qu'on veut redresser, *voyez pl.* 1, *fig.* 4 & 5. Ces deux bandes sont percées de trous sur une partie de leur longueur, pour pouvoir les alonger ou racourcir en changeant de place l'écrou *a* qui leur sert d'axe : elles sont terminées à leurs extrémités par deux pattes courbes *b*, *b*, qui doivent embrasser l'ensuble quand le gareau sera bandé comme *d d*, *fig.* 6. On ajuste ces deux bandes de deux ou trois pouces plus longues que la largeur du métier ; puis par un effort de lévier qu'on fait faire à ces deux bandes, après avoir posé les pattes contre les deux ensubles, on rapproche ces bandes paralleles ; on les fixe avec une boucle de fer coulante, comme *e*, *fig.* 6, ce qui nécessairement doit redresser les ensubles qui cambroient en dedans, & fait tendre le fond dans son milieu. Il est à propos, avant de bander le gareau, de mettre entre sa patte & l'ensuble, un papier ployé en plusieurs doubles, sur-tout s'il y a de l'étoffe roulée.

Il y a un autre gareau, *fig.* 4, composé de deux tringles qui engrainent à vis l'une dans l'autre, & qu'on fait alonger en tournant avec une main de fer ou un clou, qu'on fourre successivement dans les trous pratiqués sur les quatre faces d'un noyau adhérent à la tringle vissée : ce gareau est simple & d'un fort bon usage.

GAUCHERE, Brodeuse habituée à avoir la main gauche sur le métier, pour avoir le jour en dedans la main, comme *pl.* 2, *fig.* 1.

Les droitieres se placent vis-à-vis de l'autre côté du métier. Il seroit à désirer que les Brodeuses s'accoutumassent à broder indifféremment des deux mains.

GUIPURE : sorte de Broderie qui se fait avec de l'or fin sur vélin ou sur fil, les brins d'or bien lisses & bien rangés à côté les uns des autres, & cousus de soie aux deux côtés du vélin. On guipe en clinquant sur fil, les objets les plus délicats ; on guipe en frifure & bouillon à points enfilés l'un après l'autre, comme *pl.* 4, *fig.* 7. Tous ces procédés laissent tout l'or en dessus ; on ne voit à l'envers que les points de soie qui l'attachent.

HACHEBACHÉ, se dit des longs points de soie que les Ouvriers font sur la taillure, pour exprimer quelques plis ou quelques ombres : on dit indistinctement *harpé* ou *hachebaché*.

JAIS, verre fondu & filé en petits tubes de toutes couleurs. Les Emailleurs le vendent 4 livres l'once tout coupé par petits bouts de deux ou trois lignes. Pour l'employer en Broderie, on l'enfile de laiton ou de soie bien cirée pour le coudre sur l'étoffe.

Le jais de Milan est plus égal de grosseur & mieux coupé.

JASERON, très-gros bouillon qu'on emploie sans le couper, pour faire de riches nervures, ou les filets de différentes bordures.

JONC, gros trait d'or tourné en spirale, dont on borde les blasons & croix d'Ordres : il s'en fait de différentes grosseurs.

LAMES, sont des feuilles d'or ou d'argent battu & poli, de trois à quatre pouces quarrés, qu'on découpe avec le fer ou l'emporte-piece de la forme qu'on veut, pour les employer ensuite en Broderie. L'usage des lames est nouveau.

On nomme aussi *lame*, les clinquants de différentes largeurs.

On emploie depuis quelque temps, des lames d'argent vernies de différentes couleurs ; comme le brillant est fort à la mode, elles sont très-recherchées, quoique fort peu solides : on les nomme communément *paillons*. On les vend vingt-huit & jusqu'à trente livres l'once toutes découpées.

LANCÉ : on dit que les points ne sont que lancés, quand ils sont trop longs.

LANCÉE. On fait de la Broderie lancée en soie tout en travers de l'objet, de telle largeur qu'il soit, d'une ou plusieurs nuances, puis rabattues en sens contraire par des soies très-fines. *Voyez pl.* 3, *fig.* 6, & *pl.* 7, *fig.* 4.

LATTES, *voyez pl.* 1, *fig.* 3, bandes de chêne de six lignes d'épaisseur, de trois pouces de large, & longues à volonté : elles doivent être percées sur toute leur longueur, de trous rangés sur deux lignes alternes. La latte sert à tendre le métier en l'insinuant dans la mortaise de l'ensuble, & la fixant avec deux clous les plus distants qu'il est possible, comme *fig.* 6 ; il en faut deux pour chaque métier. Quand les lattes sont trop minces, & qu'on tend beaucoup le métier, elles sont sujettes à se cambrer ou à casser ; on remédie au premier cas en les arrêtant au tréteau avec une corde ; & pour le second cas, on a des lattes plus épaisses vers le milieu, comme, *fig.* 3, *bis*, sur-tout pour les grands ouvrages. Quand on n'a pas de lattes aussi longues que tout le développement de l'étoffe, on peut alonger celles que l'on a avec d'autres petites du même diametre, en arrêtant l'une sur l'autre vers la moitié de leur longueur, avec des clous fichés dans les trous qui se rencontrent, & quelques liens de ficelle, comme *f*, *f*, *fig. 6*.

LIGNEUL : ce sont plusieurs fils écrus, cirés & dévidés sur une broche, qu'on coud à petits points de soie pour faire la premiere carcasse de l'enlevure; on en coud plusieurs les uns sur les autres, suivant qu'on veut donner à l'objet plus ou moins de relief.

MENNE-LOURD. On appelle ainsi de petits ébauchoirs de buis ou d'ivoire de différentes formes, comme *f*, *f*, *pl.* 1, dont les Brodeurs se servent pour modeler leurs fils à mesure qu'ils les emploient en Broderie.

MÉTIER. On appelle *métier*, le chassis auquel on attache l'étoffe avant de la broder, de telle grandeur qu'il soit. *Pl.* 1, *fig. 6*, représente le métier tout monté, composé de deux ensubles, *g g*, *g g*, deux lattes *c*, *c*, quatre clous *a*, *a*, *a*, *a*, les ficelles *h*, *h*, & le gareau *d d*. Les Tourneurs vendent d'autres petits métiers tenant à des pieds mobiles, ou pour broder sur les genoux; on ne s'en sert guere que pour des ouvrages d'amusement. Ils en font de peints & vernis, armés de crochets & ressorts à vis, dorés d'or moulu.

MILANESE : c'est un cordon composé de deux cordons de soie tors en sens contraire, ensuite réunis, tors & recouverts à volonté, plus ou moins riche, d'un ou de deux brins d'or ou de battu, que le Tordeur fait courir dessus, pendant qu'un petit garçon fait tourner la roue qui tord la milanese.

Les Tordeurs travaillent dans de longues allées aux environs de la porte Saint-Denis. La milanese sert à liserer la Broderie, quand on ne veut pas employer le cordon qui est quatre fois plus cher. Il s'en fait de différentes formes & grosseurs : son nom dit assez son origine.

NŒUDS. On en distingue de trois especes; 1°. les nœuds de fil ou de soie, que les Dames font en s'amusant avec la navette; ces nœuds successivement arrangés très-près les uns des autres, forment une espece de cordonnet agréable, qu'on coud avec de la soie sur la surface de l'étoffe. On les dévide par pelottes, & on les emploie à la broche.

2°. Les nœuds qu'on fait au bout de l'aiguillée, pour l'arrêter en dessous de l'étoffe. Les Brodeuses délicates évitent de faire des nœuds en travaillant; elles arrêtent leur aiguillée par deux ou trois petits points perdus dans les fleurs.

3°. Les nœuds qu'on met par ornement dans le cœur des fleurs ou aisselles des plantes, pour exprimer les graines, sont plus faciles à faire qu'à décrire. Voici à peu-près comme on s'y prend :

L'aiguillée étant arrêtée dans l'étoffe, on lui fait former une grande boucle sur l'étoffe en tournant la main; on passe l'aiguille dans cette boucle, on la fiche tout auprès du premier point; & pendant que la main de dessous tire l'aiguille, celle de dessus tient la boucle, & la fait couler à mesure qu'elle diminue, jusqu'à la partie de l'aiguillée qui touche immédiatement à la surface de l'étoffe, ce qui doit former un nœud. Pour qu'il soit plus sensible, il a fallu enfiler plusieurs brins de soie d'une ou de plusieurs couleurs dans la même aiguille; on recommence autant de fois que le sujet l'exige; quelquefois même on fait des fonds entiers sablés de nœuds.

OR. Tout l'or qu'on emploie en Broderie n'étant que de l'argent doré, il y a beaucoup de degrés de dorure, qui augmentent ou diminuent le prix & la solidité.

Prix en 1769.

L'or double surdoré, . .	96 liv. le marc.
L'or surdoré, ...	88
L'or à passer, ... ,	82
L'or pâle ou veiné. . . .	72
L'or verd, rouge & bleu,	82
L'or frisé, ...	80
L'or cordon, ...	84
L'or de Lyon, ... ,	72
L'or de Milan, ...	68
L'or rebours, ...	75

Tous les détails de ces matieres appartiennent à l'Art du Tireur d'or.

Pour faire les gros cordons, il faut prendre de l'or filé à gauche qu'on appelle *rebours*, pour que le trait ne casse point en le tordant à droite.

L'or de Milan n'a sa lame dorée que du côté apparent, ce qui le rend plus pâle.

L'or de Lyon est d'un titre à dix livres par marc au-dessous de l'or de Paris.

L'OR TRAIT, est un trait fin d'argent doré, qui n'est filé sur aucune soie : il casse aisément.

OR FAUX, c'est du cuivre filé & doré plus ou moins : par les Ordonnances, il ne doit être filé que sur fil; il y a quelques cas où l'on déroge à l'Ordonnance. Le prix en varie depuis 10 jusqu'à 24 livres le marc. On fait en faux les mêmes matieres qu'en fin.

ORDONNER, c'est dessiner sur le fond en repassant avec une plume & de l'encre sur toutes les traces de la poncure. On ordonne sur les fonds bruns avec du blanc de céruse, du massico & autres couleurs claires & bien broyées. Il faut battre l'étoffe & la brosser quand elle est ordonnée, pour nétoyer les restes de la poncure.

ORFROI. Les bandes & le chaperon d'une chappe, les bandes d'une tunique, la croix d'une chasuble, les bandes riches d'un parement d'autel, s'appellent *orfroi*; on les fait très-souvent d'une étoffe plus riche que le reste de l'ornement. *Voyez pl. 6, fig. 1, 2, 3, 4,* la distribution des orfrois brodés.

PAILLETTES : ce font de petits anneaux d'or applatis au marteau poli, au centre desquels il reste un petit trou propre à passer l'aiguille pour les coudre.

Il y a des paillettes de différentes grandeurs ; elles ont chacune leur nom qui sert à les distinguer. *Voyez pl. 5, fig. 7.*

1. La très-grande, 2. la ronde, 3. la comptée, 4. la quatrieme, 5. la troisieme, 6. la balzac, 7. la grande semence, 8. la semence, 9. & 10. la quarantaine ; après cela on a les paillettes qui se font à l'emporte-piece, en ovale *f,* cœur *g,* amandes *h,* losange *i,* quarré *l,* treffle *m,* rosette *n,* étoile *o,* ronde *p,* belle vue *q* & *r* de la fig. 8. On vend les paillettes ordinaires de quatre-vingt dix à quatre-vingt-douze livres le marc, & les autres à proportion. Il se fait aussi des paillettes coloriées une à une, qui se vendent jusqu'à cent quatre-vingt livres le marc.

Il se fait aussi des paillettes d'acier noir d'eau, pour les Broderies de deuil. Les Émailleurs tiennent aussi des paillettes de verre noir fondu & percé à l'outil, mais trop épaisses pour être employées en paillettes comptées comme les autres : tous ces menus ornements se varient à l'infini.

PAILLONS, morceaux de lames d'argent vernis de différentes couleurs ; il y a des Ouvriers qui ne les colorent que quand ils font brodés en place. On les attache, ou en guipant de la frisure dans les trous qui les bordent, comme *pl. 5, fig. 9, bis,* ou par de petits points de bouillon de l'un à l'autre trou, ou en les recouvrant à claire-voie, de soie de la même couleur, lancée en travers comme *fig. 13,* ce qui les nue & fait un bon effet. On peut mettre des coups d'ombre en formation sur le fond. Pour ce dernier procédé, il ne faut pas que les paillons soient percés par les bords.

PASTÉ : c'est un morceau de chapeau taillé en rond, de trois ou quatre pouces de diametre, quelquefois divisé par d'autres petites bandes de chapeau, comme *pl. 1, fig. e.* C'est sur ce pâté que les Ouvriers mettent par petits tas, les différentes paillettes, frisure & bouillon, dont ils ont besoin pour travailler ; c'est en quelque façon la palette du Brodeur. Les pâtés font sujets à être renversés, si l'aiguillée les accroche, ou si le métier reçoit quelques secousses violentes. Il se fait des ouvrages si recherchés, qu'il faut plusieurs pâtés à un seul Ouvrier.

PERÇOIR, petit bâton de canne ou de bouleau, dans lequel est emmanchée une aiguille bien pointue ; on s'en sert à piquer les dessins. Il faut tenir le perçoir très-perpendiculaire en piquant, pour que la ponçure puisse passer librement au travers du papier. On fait des perçoirs très-commodes avec le manche des outils à broder au tambour.

PIQUER. Il faut piquer régulièrement à petits trous très-près les uns des autres, tous les contours, nervures, graines du dessin, même les traits qui en annoncent les angles & retraites, en contenant le papier tout près du perçoir avec le doigt de la main gauche. Ce papier doit être posé sur une serge ou une table garnie de drap. On pique souvent quatre ou cinq papiers ensemble ; ces percés servent à faire les dessins marqués qu'on donne dans les différents atteliers. Ce font ordinairement les enfants ou apprentifs qui piquent les dessins : il ne faut que de la patience & de la routine.

PINCES, outil d'acier qui sert à tirer l'aiguille en faisant l'enlevure épaisse & dure.

PONCETTE, petit sac de grosse toile, contenant de la chaux vive bien pulvérisée, quand on veut poncer en blanc sur des fonds bruns. Sur les étoffes blanches ou de couleur claire, on se sert de poncette de charbon de bois blanc, rapé & bien tamisé. Quelques-uns font leur poncette avec de la lie de vin bien brûlée : je l'estime la meilleure.

On ponce encore les petits morceaux avec un tampon de feutre roulé & trempé de temps en temps dans la ponçure qu'on a dans un vase plat. Ce procédé est plus propre, mais moins expéditif.

POINT, on nomme ainsi la partie d'or ou de soie qui reste sur la surface de l'étoffe, chaque fois qu'on tire l'aiguillée en dessous ; ainsi on dit, *point court, point long, point alterne, point satiné, point fendu,* c'est celui dans lequel rentre le second point ; *point passé,* c'est celui qui embrasse en dessus comme en dessous la largeur de l'objet ; *point perdu,* c'est celui qui sert à arrêter l'aiguillée en commençant & en finissant de l'employer. On appelle encore *points perdus,* ceux qui réunissent plusieurs pieces de rapport ensemble, parce qu'ils ne doivent point paroître.

POINT, se dit aussi du rapport qu'ont entre eux les petits points de soie dont on coud l'or couché, & qui forment par leur rencontre le point satiné, point de chevron, point de losange ou d'écaille, ou point de 2, 3, 4, 5 ou 6 à côté les uns des autres ; ce qu'il ne faut pas confondre quand on fait travailler plusieurs morceaux pareils dans différents atteliers.

POINT, se dit encore du grain de frisure que l'Ouvrier a sur son pâté, & qu'il emploie un à un en l'enfilant : ainsi on dit *hachebachure de deux, trois ou quatre points.*

PRATIQUE, est une chaînette d'or de six ou neuf brins, fabriquée au boisseau, que l'on coud par sa moitié intérieure sur les contours extérieurs de la Broderie de rapport, avant ou après l'avoir faite. *Voy. pl. 4, fig. 5, b, b, b.* La pratique sert à recevoir le point d'aiguille qui coud la Broderie quand elle eft faite, fur tel fond que l'on veut ; elle cache l'épaiffeur du fond fur lequel on a brodé le rapport, & garantit l'ouvrage du coup de cifeau qui la découpe ; affez ordinairement elle engage un peu les formes & les contours.

Racher, c'eft affurer & finir une Broderie lancée ou cordonnets collés, par de petits points fymmétriquement arrangés.

Rapport. Il fe fait des Broderies en rapport brodées fur toile, taffetas ou papier, que les Brodeurs tiennent en magafin prêtes à être appliquées fur tel fond qu'on voudra. Ordinairement ce font des bordures d'habits d'homme, qui fe vendent depuis dix-huit jufqu'à trente livres l'once, fuivant les efpeces de paillettes qui l'enrichiffent.

Rapport, eft auffi la maniere de broder fur toile par parties détachées, les feuilles, fleurs ou galons d'un compartiment, ou les différentes parties d'un trophée, qu'on réunit enfuite les unes fur les autres après les avoir découpées chacune féparément ; ce procédé donne un relief plus net & plus diftinct à chaque objet, & coûte moins de peines à l'Ouvrier.

Rehaussé, fe dit quand on exprime les lumieres ou les clairs d'un fruit ou d'une draperie brodée, par des points d'or ou d'argent mis après coup. La rehauffure fait en vieilliffant l'effet contraire de ce à quoi on l'a deftiné : elle noircit & fait tache.

Retraite, ce font des croix piquées fur les angles du deffin poncif, qui indiquent les points de renfeignement du deffin à l'étoffe, ou du deffin à lui-même. La retraite fert auffi de guide quand on eft obligé de poncer plufieurs fois le même deffin à côté l'un de l'autre : une feuille, une graine, fervent de retraite.

Il fe fait des tailles d'habits ou de meubles par retraite, c'eft-à-dire, qu'on ne deffine fur la taille, que les retraites du coupon, & les parties alongées ou raccourcies dans les endroits qui tournent ; le coupon ponce le refte fur l'étoffe.

On ne fauroit être trop fcrupuleux fur l'exacte rencontre des retraites.

Rezeau. On en emploie de différentes richeffes, pour fervir de fond à des compartiments ; quelquefois on l'achete tout fabriqué au boiffeau par les Ouvriers de Saint-Denis, ou de Villiers-le-Bel ; celui que les Brodeurs font à l'aiguille eft beaucoup meilleur & plus correct. On s'en fert beaucoup pour les grands habits de Cour ; on en fait des mantilles : on brode deffus en foie ou en paillettes ; on en recouvre quelquefois les paillons : on en emploie dans les bordures d'habits d'homme, comme *pl. 4, fig 5.*

Rouet a main : c'eft une machine de fer dont les Brodeurs fe fervent pour faire des bouts de milanefe ou de cordon, pour échantillonner, ou dans des momens preffés. *Voy. pl. 1, fig. 7.*

Rouet. Il faut au Maître Brodeur un rouet pour tracaner & dévider les foies, & les mettre en bobines. On trouve ces rouets tout faits chez les Tourneurs. *Voyez pl. 3, fig. 3.*

Roule, Rouler. On roule l'étoffe autour de l'enfuble, plus ou moins de tours fuivant fa largeur, pour que les Ouvrieres puiffent atteindre, fans trop fe gêner, jufqu'au milieu de l'étoffe tendue ; c'eft même par le milieu du métier qu'il faut commencer les morceaux riches & la Broderie en chenille, pour ne la pas froiffer : on déroule à mefure que l'ouvrage avance. Chaque tour d'enfuble s'appelle un *roule*, le demi-tour, un *demi-roule*, &c.

S, marque que l'on voit fur les bobines d'or de Lyon, & qui indique la groffeur de l'or. Voyez l'article Bouts.

Satiner, c'eft coudre un ou deux brins d'or à côté les uns des autres fur enlevure, de maniere qu'on ne voie point les points de foie.

On fatine en foie les plumes, cheveux, crinieres ; & dans les tableaux nués, ces chofes fe brodent en fuivant le fens des ondulations.

Soies. On emploie en Broderie de toutes fortes de foies.

La foie de Grenade de toutes couleurs ; le prix en varie, fuivant le plus ou le moins d'abondance : la livre de foie eft de quinze onzes.

La trême d'Alais ou trême de Perfe, pour les belles fleurs.

L'organfin Meffine noir pour le deuil ; c'eft une foie fine & torfe.

La foie plate que les Ouvriers refendent avec les doigts en brins auffi fins qu'ils le défirent. On s'en fert pour broder les tableaux.

Le capiton, pour les fonds d'ouvrages communs, & la tapifferie.

Sorbec : c'eft une foie de couleur quelconque, fur laquelle le Tordeur a fait courir un trait d'or battu. Il faut coudre le forbec ; il cafferoit en le paffant dans l'étoffe.

Supports, animaux & figures brodés en laine ou en foie, pour les armes de caparaçons & couvertures de mulets & chariots d'armée. Quelques Brodeurs tiennent en magafin des fupports tout brodés en rapport de différentes grandeurs.

Taille. Prendre la taille, c'eft pofer un devant d'habit, une houffe, (le morceau qu'on veut broder,) fur un papier blanc de la même grandeur, & piquer avec un perçoir tous les contours qui font tracés fur l'étoffe, ou qu'elle indique par fa coupe. Faire la taille, c'eft répéter le coupon du deffin choifi & piqué, en le ponçant & le deffinant fuivant les contours ; l'art eft d'alonger ou raccourcir les parties du coupon fans le cor-

rompre

rompre, suivant qu'il se trouve plus ou moins gêné dans les parties tournantes. Les Brodeurs font communément faire leurs tailles par les Dessinateurs ; ils les piquent, & elles leur servent à poncer également les deux devants d'un habit, les deux côtés d'une housse, plusieurs pentes ou morceaux pareils, en retournant le dessin ou poncif quand il en est besoin ; ce qui s'explique ainsi : *poncer sur le doux & sur le rude.*

La taille sert aussi à juger si l'étoffe ne s'est pas étendue ou alongée en tendant le métier ou en brodant ; on présente la taille sur l'étoffe, & l'on voit si les contours se rencontrent bien juste les uns sur les autres ; s'il y a quelque différence, il faut bander les lattes ou lâcher les ficelles jusqu'à ce que les contours soient bien pareils. Cette opération s'appelle *mettre en taille :* il faut la faire avant de coller l'ouvrage.

Tambour, est une espece de métier à pied ou à mettre sur les genoux ; il ne sert guere que pour broder en chaînette. Il y en a de plusieurs formes. *Voyez pl.* 1, *fig.* 8 & 9.

Tatignon : meuble de cuivre ou de fer blanc, dans lequel l'Ouvrier a sa chandelle. Chaque Ouvrier a ses mouchettes dans son tatignon posé sur le métier, bien garni de papier. Quelques-uns y ajoutent un garde-vue.

Teste : ce sont des paillettes très-minces & un peu embouties par le Fabriquant.

Torche : Écheveau d'or ou de soie coupé par aiguillées, & renfermé dans un papier ou parchemin roulé, un peu moins long que les aiguillées, & relié d'un petit cordon. *Voy. pl.* 1, *fig.* 9. On tire les aiguillées une à une avec la pointe de l'aiguille à mesure qu'on en a besoin.

Tournettes : ce sont deux cylindres d'osier à claire-voie, mobiles sur un arbre perpendiculaire, dont l'un est fixé dans un banc, & l'autre dans une coulisse mobile, qu'on fixe à la distance convenable à l'étendue de l'écheveau de soie qu'on veut dévider, avec une vis de bois qui engraine dans le banc. *Voyez pl.* 2, *B*, de la Vignette.

Les tournettes portent la soie, & en facilitent le dévidage par leur mouvement.

Tracaner, c'est survuider l'or ou la soie d'une bobine sur une autre à l'aide d'un rouet & de la brochette.

Trait : fil d'or ou d'argent rond & très-fin, sans soie dessous ; on l'emploie plus sûrement couché que passé : sa finesse le rend facile à casser. Ne pourroit-on pas, pour les ouvrages précieux en filer d'or pur ?

Trelisser, c'est faire de larges points noués avec de la ficelle, le long des deux extrémités qui regardent les lattes. Ces points noués, qu'on appelle *trelissage,* servent à recevoir les ficelles qui doivent tendre le métier. Ce procédé supplée au galon dont on pourroit border l'étoffe pour la conserver : il est plus expéditif. *Voyez pl.* 1, *fig.* 6, *i i i i.*

Tréteau, espece de banc de trois pieds de haut, dont la tablette peut avoir cinq pouces de large. C'est sur cette tablette que reposent les bouts de l'ensuble opposés à la chanlatte. *Voyez pl.* 2, *fig c, c,* La tablette doit être percée de quelques trous vers ses extrémités, pour recevoir au besoin une cheville de fer qui sert à arrêter le métier, & empêcher que les Brodeuses ne le poussent à terre en s'appuyant contre.

Velin, peau de veau préparée par un Parcheminier ; on la découpe avec un fer, après l'avoir teinte en safran & l'avoir dessiné : ces découpures donnent un petit relief à la Broderie en guipure, quelquefois même au passé. La peau de vélin coûte 24 à 30 sols : on peut au besoin lui substituer le parchemin fort ; mais il est moins convenable. Les rognures servent à faire de la colle.

Vernis : c'est un cordonnet d'or & de soie couleur maron, qu'on couche à petits points sur l'épaisseur des morceaux d'enlevure. Pour les Broderies communes, on se contente de noircir ses épaisseurs avec un pinceau trempé dans l'encre.

On emploie d'autre vernis en toutes couleurs ; c'est un fil d'or sur lequel le Tordeur fait courir une soie fine, pour imiter l'aventurine : on peut le passer à l'aiguille.

Fin de l'Explication des Termes.

EXPLICATION DES PLANCHES.

PLANCHE PREMIERE.

Elle repréſente les Outils du Brodeur.

Figure *a*, Perçoir de canne ou de bouleau.

Figure *b*, Perçoir à manche à vis, de bois ou d'ivoire.

Figure *c*, Poncettes noires ou blanches : elles ſont faites de même.

Figure *d d d*, Bobines de différentes formes ; la troiſieme fait voir ſur l'extérieur de la patte, la marque du poids de la bobine, & celle de la groſſeur de l'or.

Figure *e*, Pâté chargé de petits tas de différentes paillettes & de friſure.

Figure *ff*, Menne-lourd ou ébauchoir de buis ou d'ivoire.

Figure *g*, Bouriquet de carton qui reſte ſur le métier, & dans lequel les Ouvriers amaſſent les bouts d'or écorché, les paillettes mal faites, & tout ce qui n'eſt bon qu'au déchet. Ce déchet appartient au Maître.

Figure *h*, Tatignon de cuivre qui porte la lumiere de l'Ouvrier.

Figure *i i i i*, Emportes-pieces d'acier, tranchantes par le bas, de différentes formes, ſervant à tailler les paillettes dans un morceau de lame ; ces paillettes ſortent d'elles-mêmes par le haut de la petite hotte *k k k*, à meſure que l'on frappe ſur la tête de l'outil avec un maillet pour en fabriquer d'autres. Pluſieurs Brodeurs font leurs paillettes eux-mêmes.

Figure *l*, Maillet de buis pour frapper ſur l'emporte-piece quand on veut faire des paillettes.

Figure *m*, petit Marteau de fer pour frapper ſur le poinçon qui fait les trous des grandes paillettes & paillons.

Figure *n*, Brochette de fer, emmanchée de bois, enfilant une Bobine prête à être dévidée.

Figure *o*, Hirondelle de carte, ſur laquelle on dévide la ſoie plate & les nœuds.

Figure *p p*, Dés piqués de trous de différentes groſſeurs.

Figure 1, Diligent compoſé d'une tablette *q*, ſur laquelle eſt élevé un chaſſis *r*, *r*, *r* ; ce chaſſis porte trois brochettes de fer, *s*, *s*, *s*, dans leſquelles on enfile les bobines chargées d'or qu'on veut mettre en broche. Ces brochettes ſont contenues par un petit tourniquet *t t t*, qui bouche le trou par où elles ont ſorti pour enfiler les bobines.

Sur le devant de la tablette *q*, eſt élevée à gauche, une roue de fer engrenant dans un pignon *c*, le tout porté par un chaſſis de fer fixé ſur la tablette avec deux vis.

A droite de la tablette *q*, eſt un petit montant de bois *u*, traverſé d'un vérouil de bois, garni d'une pointe de fer parallele à l'axe du pignon : c'eſt entre ce vérouil & le pignon, qu'on ſerre la broche *b*, ſur laquelle on veut dévider l'or. Un autre petit vérouil oblique, placé dans l'épaiſſeur du montant *u*, en le pouſſant un peu, contient le premier & l'empêche de reculer, quand on tourne la manivelle *a*, pour mettre l'or en broche. La tablette *q* eſt bordée d'une petite tringle de bois pour contenir les ciſeaux & le déchet.

Figure *q*, Torche de parchemin contenant l'or à paſſer.

Figure *r*, la Broche chargée d'un reſte d'or en deux brins, dont les bouts doivent toujours être paſſés dans la fente de la tête *x*, en travaillant.

Figure *s*, Aiguille préſentant la boucle pointue *x*, qu'il a fallu faire pour réuſſir à enfiler de la laine.

Figure *t t*, Fers à découper ; l'un des deux eſt garni de bandes de peau vers le bas de ſa lame, pour empêcher l'Ouvrier de ſe couper.

Figure *u*, Chapelet de pluſieurs bobines chargées de ſoie, enfilées ainſi de peur qu'elles ne s'égarent.

Figure 2, Enſuble de bois garnie de ſa ſangle : il en faut deux pour chaque métier.

Figure 3, Latte de chêne, ſervant de traverſe aux enſubles ; il en faut deux : les trous *i*, *i*, *i*, *i*, ſervent à recevoir les clous qui arrêtent les enſubles.

Figure 3, *bis*, autre Latte épaiſſe pour les gros ouvrages.

Figure 4, Gareau de fer à levier, pour bander le milieu du métier.

Figure 4, autre Gareau de fer à vis.

Figure 6, Métier tout tendu ; *g g*, les enſubles ; *b b b*, les lattes ; *dd*, le gareau en place ; *a a*, les clous ; *i i i*, le treliſſage ; *h h*, les ficelles ; *k*, l'étoffe repréſentant le deſſin d'un léger lez de jupe, prêt à être brodé.

Figure 7, Rouet à main, compoſé d'une double croix de fer *o o o o*, formant un chaſſis à la roue *k* ; & aux quatre pignons dans leſquels elle engrene, l'axe de ces pignons préſente un crochet *r r r* : c'eſt à ces crochets qu'on attache les ſoies qu'on veut tordre ; l'autre bout des ſoies eſt attaché à un clou ou anneau, dans quelque coin de la Boutique. Le Brodeur tient de la main gauche le manche de ſon rouet ; de la droite, il fait tourner la manivelle & la roue, les pignons & la ſoie attachés à leur axe. Quand il juge que ſes ſoies ſont aſſez torſes, il les détache & les réunit à un ſeul crochet ; puis tournant à rebours, il fait un cordon gros à volonté. S'il veut le faire très-gros, il multiplie le nombre des ſoies de chaque crochet.

Le Brodeur ne ſe ſert de cette machine que pour des échantillons ou choſes preſſées : il y a des Tordeurs en titre pour tous les cordons & milaneſes.

Figure 8, Tambour à pied, garni de ſon taffetas *a*, ſervant d'enveloppe à l'excédent de l'étoffe *b*. *c*, petit Cylindre creux, contenant la bobine d'or. *d*, Genouil de cuivre pour tourner le tambour à volonté. *e*, Tige verticale qui s'emboîte dans le pied du métier, & s'éleve à volonté à l'aide de la vis *f. g* , petite Boîte pour ferrer l'or & les cifeaux.

Figure 9 , autre Tambour à mettre fur les genoux. Il eft compofé d'une éclifle *a a* , fur laquelle on étend l'étoffe que l'on tend avec la ceinture & la boucle *b b*. L'éclifle eft arrêtée par deux vis à deux jambes verticales , qui n'empêchent point fa mobilité. Aux deux bouts de la tablette *d* , font deux boîtes à coulifles pour ferrer l'or , l'outil & les cifeaux ; & fur la tablette eft un petit axe *e* , pour porter la bobine d'or quand on travaille. Ces deux tambours fervent à faire la chaînette au crochet.

Figure 10 , Enfuble de fer garnie de fa fangle : il en faut deux pour chaque métier.

Figure 11 , Tringle de fer viflée , tenant lieu de latte pour le métier de fer. On fait entrer les bouts de cette tringle dans le trou des enfubles ; puis on en fait agir le pas de vis à l'aide de la petite clef *h*.

Figure 12 , Outil pour broder au tambour. *a* , l'Aiguille terminée en hameçon , arrêtée par la vis *b* , dans le manche *c* , de bois , d'or ou d'ivoire. Ce manche eft creux , & peut fervir d'étui pour contenir plufieurs aiguilles.

Figure 13. Clou à tendre : il en faut deux.

Figure 14. Clou ou cheville pour fixer les enfubles dans l'écart que leur a donné le clou à tendre : il en faut quatre.

PLANCHE II.

LA vignette *A* , repréfente la Boutique ou Attelier d'un Brodeur.

Figure 1 , un Brodeur finiflant de bander le Métier avec le clou à tendre ; il tient dans fa main droite le petit clou qu'il doit fubftituer au grand , quand le métier fera aflez bandé. J'ai dit qu'il faifoit mal de poufler la latte avec fon genouil.

Figure *B* , les Tournettes pour dévider la foie.

Figure *c* , le Tréteau qui porte le métier d'un bout.

Figure *d d* , la Chanlatte qui porte l'autre bout du métier.

Figure *e* , Métier qui finit d'être tendu , & fur lequel eft tracé un derriere de chafuble.

Figure *f* , Métier accroché au mur en attendant qu'on le deffine.

Figure *g* , autre Métier fur lequel eft tendue une vefte appliquée fur canevas.

Figure *h* , Métier où travaillent une Droitiere *l* , & une Gauchere *i* , une main deffus & l'autre deffous.

Figure *m* , le Gareau qui bande le métier par le milieu.

Figure *n* , Maniere dont font placés les clous à tendre , maillets , emporte-pieces , &c, dans les boucles d'un cuir cloué au mur.

Figure *o* , Panier plein de bobines vuides , prêtes à recevoir la foie.

Figure 2 , Fleuron deffiné fur l'étoffe , prêt à recevoir les pieces de rapport expliquées à côté. *a* , *a* , *a* , les Traits d'encre qui deffinent le fleuron. *b* , pre-

miere

miere Emboutiſſure de chapeau, couſue de points de ſoie. *c*, autre Emboutiſſure plus petite, pour augmenter le relief. *Figures* 3, 3, 3, 3, les parties du
Fleuron deſſinées ſéparément ; les traits perpendiculaires montrent les premiers
fils de l'enlevure.

Figure 4, 4, 4, 4, montrent les mêmes parties du Fleuron, avec les ſeconds
fils qui recouvrent les premiers en travers.

Figure 5, 5, 5, 5, les mêmes parties du Fleuron dont tous les fils ſont cou-
verts d'or ſatiné, en ſens contraire aux derniers fils. Les graines *a*, *a*, ſont ſati-
nées en or trait.

Figure 6, 6, 6, 6, les mêmes parties du Fleuron liſerées de cordon, dont les
bouts *o*, *o*, *o*, *o*, ſont reſtés plus longs, pour être paſſés dans l'étoffe quand on
les rapportera l'une ſur l'autre.

Les revers *a*, *a*, *a*, *a*, ſéparés, brodés en clinquant guipé ; *b*, *b*, *b*, *b*, les
mêmes revers mis en place, *fig.* 7. On colle ces différentes parties, on les découpe, puis on les rapporte comme à la figure 8, en commençant par *c*, puis
d, puis *e*, puis *f.*

Si ce Fleuron eſt deſtiné à faire partie d'un deſſin plus conſidérable, on le
colle, on le découpe, puis on le fixe par quelques points perdus, dans la place
qui lui eſt deſtinée.

Planche III.

Figure 1, repréſente une partie de tableau d'or nué. *A*, partie du tableau qui
n'eſt que deſſinée au trait. *B*, partie du tableau où les fils d'or ne ſont que lancés. *C*, partie du tableau dont les fils d'or ſont recouverts plus ou moins de
points de ſoie d'un même ſens, pour exprimer les nuances & les ombres.
D, partie d'une figure qui eſt ſatinée en ſoie nuée tout d'un ſens & ſans or
deſſous ; l'autre moitié n'eſt que tracée.

Les cheveux ſe font en ſoie ſuivant les différents ſens que les boucles indiquent.

Figure 2, Fleur de lys commencée à être gaufrée avec les progrès des différents travaux. *a*, *a*, *a*, les fils lancés à deux lignes les uns des autres, après
que la fleur de lys a été deſſinée. *b*, *b*, l'or couſu de deux en deux fils. *c*, *c*,
les points plus courts, pour décrire exactement la forme. *g*, *g*, le cordon qui
liſere la fleur de lys quand elle eſt tout-à-fait gaufrée. *f*, *f*, le bout du cordon
qu'on paſſe au travers de l'étoffe en commençant & en finiſſant.

Figure 3, repréſente le rouet à dévider & à tracaner la ſoie : tout le monde
en connoît l'uſage.

Figure 4, Flamme du manteau de l'Ordre du Saint-Eſprit, avec la marche
du clinquant dont on la guipe.

Figure 5, maniere dont le bout de cordon eſt pris dans la boucle de l'aiguille à paſſer les bouts, quand on veut le faire paſſer en deſſous.

BRODEUR. M

Figure 6, repréſente une roſe en broderie lancée tout d'un ſens, de pluſieurs nuances, & cariotée ou rabattue de ſoies fines. Les points qui ſont indiqués ſur la rencontre de chaque carreau *e, e, e*, marquent ceux qu'on doit faire pour aſſurer & fixer ces carreaux.

Figure 7, repréſente une roſe nuée à points, & le ſens de tourner les points de ſoie *a, a*, pour donner du mouvement & de la grace à chaque feuille.

Figure 8, repréſente de gros canevas, & la marche du petit point en tapiſſerie, d'angle en angle des fils du canevas, & ſe recouvrant de même.

Figure 9, canevas fin ſur lequel eſt repréſenté, *a, a*, la premiere marche du gros point en tapiſſerie. *b, b*, repréſente la ſeconde marche, le point croiſe & recouvre le premier, le nourrit & cache abſolument les fils & les jours du canevas.

Figure 10, autre morceau de canevas ſur lequel eſt à-peu-près repréſentée une partie de compartiment plaquée en deux nuances de gros point.

Figure 11, préſente un morceau de canevas, ſur lequel on a fait tracer le deſſin avec du filozelle, pour indiquer les nuances.

P L A N C H E   IV.

Figure 1, repréſente une bordure d'habit brodé, partie en couchure & partie en guipure, avec les ornements qui y ſont propres. *a, a*, le trait du deſſin. *b, b*, Feuilles couchées en chevron. *c*, Couchure de deux points. *d, d*, Paillettes attachées d'une croix d'or. *e, e*, Rond couché en tournant. *g, g*, Clinquant pliſſé, dont la moulure eſt ornée. *h, h*, Fils placés d'eſpace en eſpace pour varier l'effet de la couchure qui doit les recouvrir. *i, i, i, i*, les queues des fleurs qui ſe font ordinairement en friſé couché. *k, k*, le raccord du coupon de Broderie. *l, l*, Moſaïque de clinquant plat & de boucles de friſure. *m, m*, repréſente le vélin couſu à petits points pour être recouvert en guipure. *n, n, n*, repréſente la guipure qui recouvre le vélin; & la maniere de la conduire avec la broche Q. *o, o, o*, repréſentent les refentes du vélin, & les points de ſoie qui attachent l'or dans ces refentes, quand l'objet eſt trop large pour être fait d'un ſeul point. *p, p*, Graines de fleurs faites d'un point de bouillon & d'une boucle de friſure. *q, q*, fond d'un galon en couchure, orné de quelques paillettes. *r, r*, Paillettes nommées *Belle-vue*, attachées par un bout de deux points de friſure; la queue de friſé attache l'autre bout. *s, s*, revers de clinquant guipés. *t, t*, le friſé dont on liſere la couchure pour lui rendre ſa forme. *u, u, u*, montre les ombres & les formations de ſoie dont on peut orner la couchure.

Figure 3, repréſente la bordure des habits de MM. les Lieutenants Généraux, & les différentes manieres de l'exécuter. *a, a*, Maniere dont le deſſin eſt tracé en blanc ſur le drap bleu. *b, b*, Maniere d'arrêter le premier point d'or en commençant à travailler. *c, c, c*, Sens dont on prend le paſſé un peu en biais de chaque moulure, & écartant inſenſiblement chaque point pour tourner en *d, d*, fans faire la fcie ou dent de chien. *f, f,* le deſſous du ruban exprimé par un paſſé très-étroit qu'on appelle *barbiche. g, g,* les moulures dentelées qui fe font quelquefois en friſure guipée, & le milieu du ruban *h, h, h,* en paillet-tes comptées.

Figure 5, repréſente une bordure d'habit en rapport. *a, a,* le trait du deſſin. *b, b,* la pratique qui borde tous les contours extérieurs. *d, d,* les premiers fils du rézeau à l'aiguille. *e, e,* les feconds fils du rézeau à l'aiguille. *f, f,* les points fur la rencontre de chaque fil ou carreau du rézeau. *g, g,* le rézeau au boiſſeau, qu'on ac ouſù tout autour fous les fleurs avant de faire les paillettes. *h, h,* repré-ſente des feuilles de laurier, brodées en paillettes comptées; la nervure *i, i,* en friſure guipée; les rofes *q, q,* en paillons attachés de friſure.

Quand tout eſt brodé, on ne voit plus que la moitié *n, n, n,* de la pratique; ce qui fuffit pour recevoir le point d'aiguille qui coudra cette Broderie fur l'habit.

Figure 6, Maniere d'enfiler la paillette & la friſure, pour broder en paillet-tes comptées.

Figure 7, Bois exprimé par trois points de friſure & trois points de bouillon guipés alternativement.

Figure 8, la pratique.

Planche V.

Figure 1, repréſente le clinquant pliſſé.

Figure 2, le cordon à liſerer les compartiments: on en fait de pluſieurs groſſeurs.

Figure 2, bis, repréſente la milaneſe: on en varie la groſſeur.

Figure 2, A, repréſente un gros cordon de ſoie couvert d'un battu, & re-couvert à claire-voie de deux autres petites milaneſes.

Figure 3, Paillettes comptées, attachées chacune d'un grain de friſure for-mant un feul trait.

Figure 4, Paillettes comptées, attachées alternativement d'un & de deux points de friſure.

Figure 5, Paillettes comptées, armées de barbes de friſure en épi, ce qui s'appelle *paillettes griffées.*

Figure 6, Paillettes comptées, couſues de ſoie, & recouvertes de trois brins d'or trait.

Figure 7, repréſente les différentes paillettes à compter. 1, La très-grande. 2, La ronde. 3, La comptée. 4, La quatrieme. 5, La balzac. 6, La troiſieme. 7, La grande femence. 8, La femence. 9 & 10, La quarantaine.

Figure 8, f, ovale; *g,* cœur; *h,* amande; *i,* loſange; *l,* quarré; *m,* trefle; *n,* rofette; *o,* étoile; *p,* ronde; *q, r,* belle-vue de deux grandeurs.

Figure 9, Paillons percés, & la maniere de les border en friſure guipée.

48

Figure 10, Nœuds que font les Dames en s'amusant.

Figure 11, Epargne des morceaux qui composent la *Figure* 12.

Figure 13, Branche de feuilles, de paillons, recouvertes de soie de différentes nuances plus ou moins serrées.

Figure 14, *a*, *a*, Jais cousu de différentes longueurs, formant une aigrette ; le nœud *c*, *c*, en margueritains & autres petits grains.

Figure 15, Nœuds à deux côtés, faits à la navette.

PLANCHE VI.

Figure 1, représente deux lez de satin de deux aunes chaque, lesquels étant assemblés, suffisent pour faire toutes les parties d'une chasuble, étole, manipule & bourse, ainsi qu'elles sont tracées.

Figure 2, une demi-aune de satin pour le voile de calice. *a*, la maniere de placer la croix. *b*, *b*, le galon qui fait l'encadrement.

Figure 3, Plan d'une tunique, & la proportion des orfrois. *a*, le devant ; *b*, le derriere ; *c*, *c*, les manches ; *d*, trou pour passer la tête ; *e*, *e*, *e*, les galons ; *f*, *f*, les orfrois de Broderie.

Figure 4, Plan d'une chape. *f*, *f*, *f*, les lez assemblés, & le sens de les mettre ; *g*, *g*, les orfrois ; *h*, le chaperon ; *i*, frange ; *a*, la bille ; *l*, *l*, les galons.

Figure 5, Mitre d'Evêque, à laquelle est attaché le fanon *m*. Le fanon *n*, vu dans sa forme exacte. La mitre se fait ordinairement de glacé ou tissu d'or & d'argent, brodé plus ou moins riche dans le goût du dessin.

PLANCHE VII.

Figure 1, représente un caparaçon en petit, qui a été exécuté en dorure pour le Roi de Portugal, ainsi qu'on peut en juger par le blason. Les ombres annoncent à-peu-près les reliefs & élévations qu'on peut donner aux différentes parties qui composent tout l'ensemble. Ces différentes parties ont été d'abord brodées séparément, puis réunies comme nous l'avons dit ailleurs. Les hachures du blason en indiquent les couleurs.

Figure 2, représente la moitié d'une housse de cheval, brodée dans le dernier goût en dorure & paillettes. Les lignes ponctuées *a*, *a*, montrent ce qu'il a fallu remplir en toile pour tendre le métier, ainsi que nous l'avons dit ailleurs.

Figure, 3, représente les pinces d'acier dont on se sert pour tirer l'aiguille, quand on travaille à de l'enlevure très-épaisse & fort dure.

Figure 4, Feuille de vigne en soies lancées, & rabattues de différents sens.

PLANCHE VIII.

LA Figure premiere repréfente le deffin d'habit de Brevet. Pour diftinguer fes principaux Courtifans, Louis XIV avoit inventé en 1664, des cafaques bleues brodées fur ce deffin en or & argent. La permiffion de les porter étoit une grande grace pour des hommes que la vanité mene ; on les demandoit comme le Collier de l'Ordre. Cet empreffement a diminué ; mais quoique la forme des habits ait changé, ce deffin fait encore jouir des mêmes priviléges. *a, a, a,* Fleurs brodées en barbiches d'or. *b, b, b,* Broderie en paffé d'or. *c, c, c,* Feuilles en paffé d'argent. *d, d, d,* Fond en paffé de cordon.

La Figure 2, repréfente une bordure d'habit brodée en 1717, avec des enjolivements de frifure & bouillon. *a, a, a, a,* Feuillages brodés en paffé d'or. *b, b, b,* Fond de cordon. *c, c, c,* Petits agréments de poires & de boucles en frifure & bouillon : obfervez qu'il n'y a pas encore de paillettes dans ces habits, les plus magnifiques du temps ; elles n'étoient pas encore inventées.

PLANCHE IX.

La Figure 1, repréfente une bordure d'habit faite en 1744, pour le premier Mariage de Monfieur le Dauphin : elle eft toute en paffé ; on y voit feulement quelques paillettes *a, a, a,* entourées de boucles.

Figure 2, Autre bordure d'habit exécutée pour le fecond Mariage de Monfieur le Dauphin, en 1747. Tout y eft en paillettes comptées, *a, a, a,* & en graines de lin, *b, b, b,* que peu de temps après on a nommées *Belle-vue,* à caufe qu'elles fervoient au deffin d'uniforme, pour les entrées de Belle-vue.

Figure 3, Bordure brodée en chaînette d'argent, en 1768.

PLANCHE X.

LA Figure premiere repréfente une bordure d'habit brodé fur fond d'or, en 1770, pour M. le Dauphin. *a, a,* Fleurs préparées par quelques points de fil pour donner du relief aux paillettes & paillons. *b,* le rézeau fait par-deffus un paillon rouge. *c, c,* Rofettes entourées de frifure. *d, d, d,* Effes de paillons rouges. *e, e, e,* Fond de frifure guipée. *f, f,* autres Fleurs de paillons fans rézeau deffus. *g, g, g,* des diamants attachés par leur chaton, pour exprimer des graines de fleurs. *h, h, h,* autres paillons recouverts en foie. On auroit pu choifir un deffin plus ingénieux.

La feconde Figure repréfente une autre bordure d'habit, auffi pour le Mariage de M. le Dauphin. *a, a, a,* montre les points de fil pour donner un peu d'élévation aux paillons. *b, b, b,* les paillons d'or ornés de petites graines de frifure. *c, c, c,* les autres parties du deffin exécutées en paillettes comptées.

BRODEUR.   N

50

d , d , d , d , Fleurs d'Opales, montées exprès suivant le deſſin , & attachées par leur chaton. Toute cette Broderie , faite ſur un fond glacé bleu & argent, a parfaitement réuſſi.

La Figure 3 repréſente une autre bordure d'habit , exécutée pour le Mariage de M. le Dauphin. *a, a, a ,* paillons bleus, attachés par les bords avec quelques points de ſoie. *b , b ,* les mêmes paillons recouverts de rézeau d'argent. *c , c , c ,* le rézeau orné de fleurettes en petits paillons lilas , & les queues en friſure guipée. *d , d , d ,* bordure de marcaſſite , montée à charniere & couſue ſur l'étoffe. *e ; e ,* deſſous du ruban en paillons bleus , recouverts à-plomb en ſoie brune. Le fond de l'habit argent glacé de lilas.

Fin de l'Explication des Planches.

Extrait des Regiſtres de l'Académie Royale des Sciences.

Du 26 Juillet 1769.

Messieurs Duhamel & Jeaurat, qui avoient été nommés pour examiner *la Deſcription de l'Art du Brodeur,* préſentée à l'Académie par M. de Saint-Aubin , en ayant fait leur rapport , l'Académie a jugé que tout ce qui concerne cet Art, paroiſſoit expliqué d'autant plus clairement dans cet Ouvrage, qu'il étoit accompagné de belles Figures que M. de Saint-Aubin a deſſiné lui-même ; qu'il avoit répondu à l'invitation que l'Académie a faite à ceux qui connoiſſent un Art à fond, de coopérer avec elle pour l'Hiſtoire des Arts, dont elle s'occupe ; & que la Deſcription que M. de Saint - Aubin avoit donnée de l'Art du Brodeur, étoit digne de ſon adoption. En foi de quoi j'ai ſigné le préſent Certificat. A Paris , le 2 Août 1769.

GRANDJEAN DE FOUCHY,
Secrétaire perpétuel de l'Académie Royale des Sciences.

DE L'IMPRIMERIE DE L. F. DELATOUR. 1770.

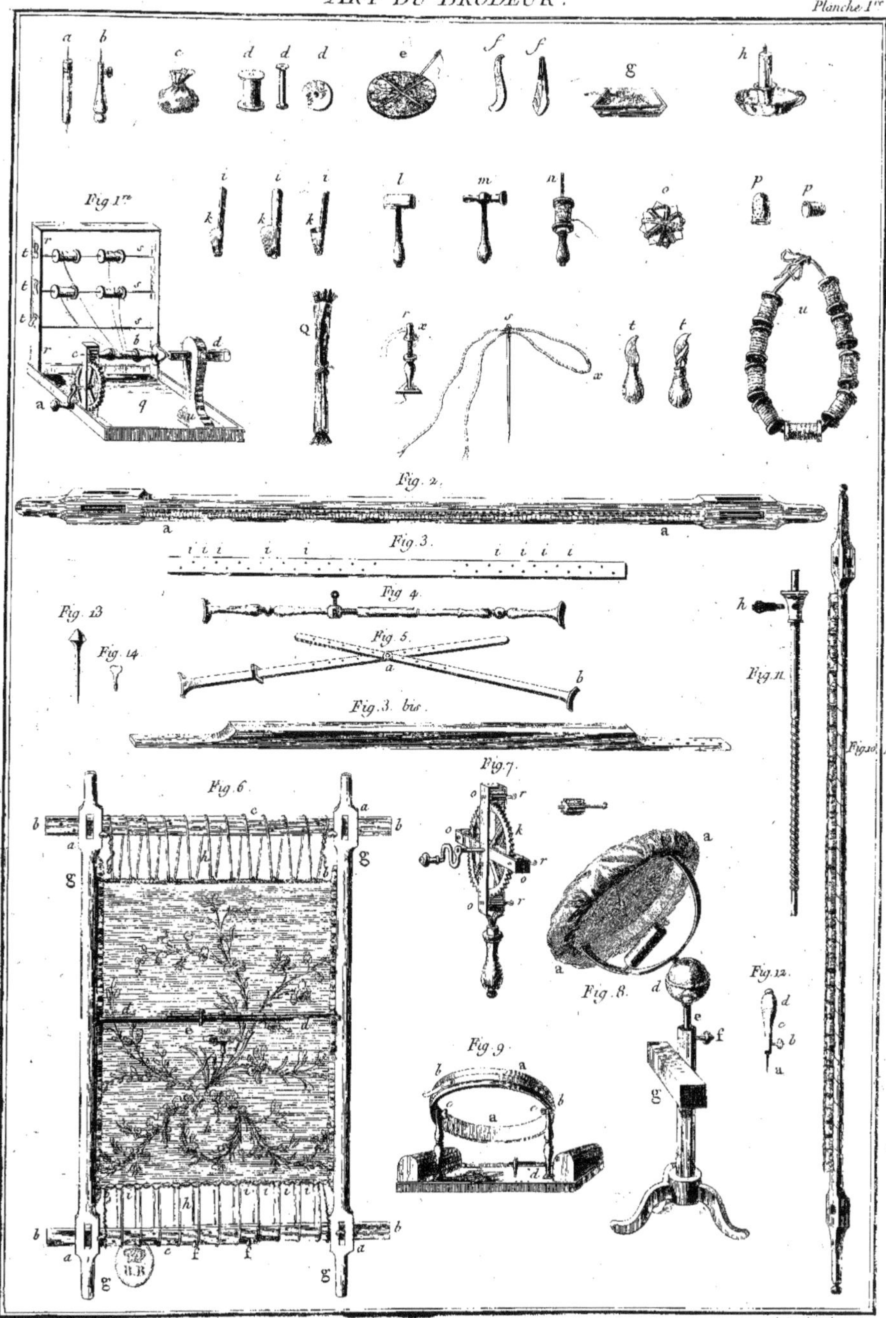
Fig. 1.re
Fig. 2.
Fig. 3.
Fig. 4.
Fig. 5.
Fig. 3. bis.
Fig. 6.
Fig. 7.
Fig. 8.
Fig. 9.
Fig. 10.
Fig. 11.
Fig. 12.
Fig. 13.
Fig. 14.

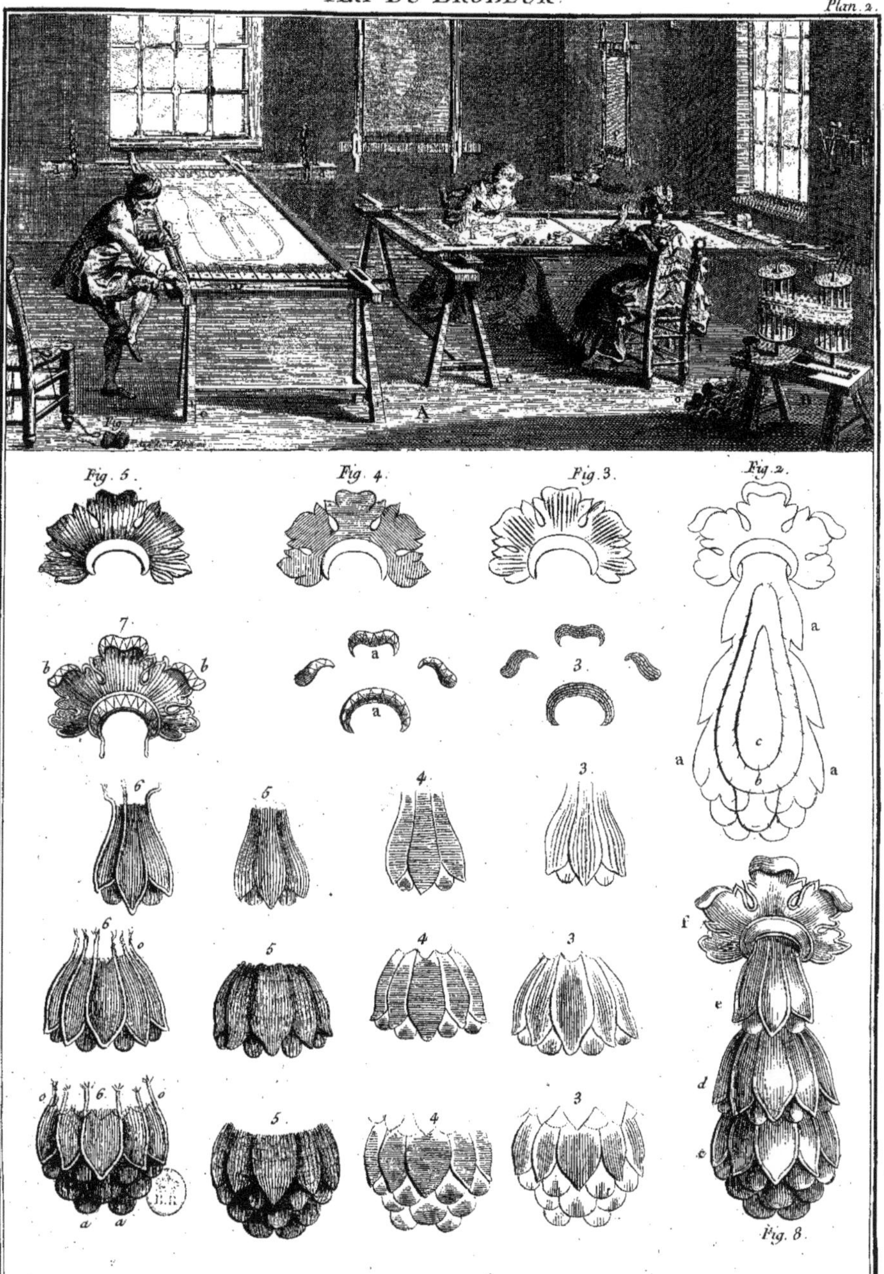

Fig. 5.
Fig. 4.
Fig. 3.
Fig. 2.
Fig. 8.

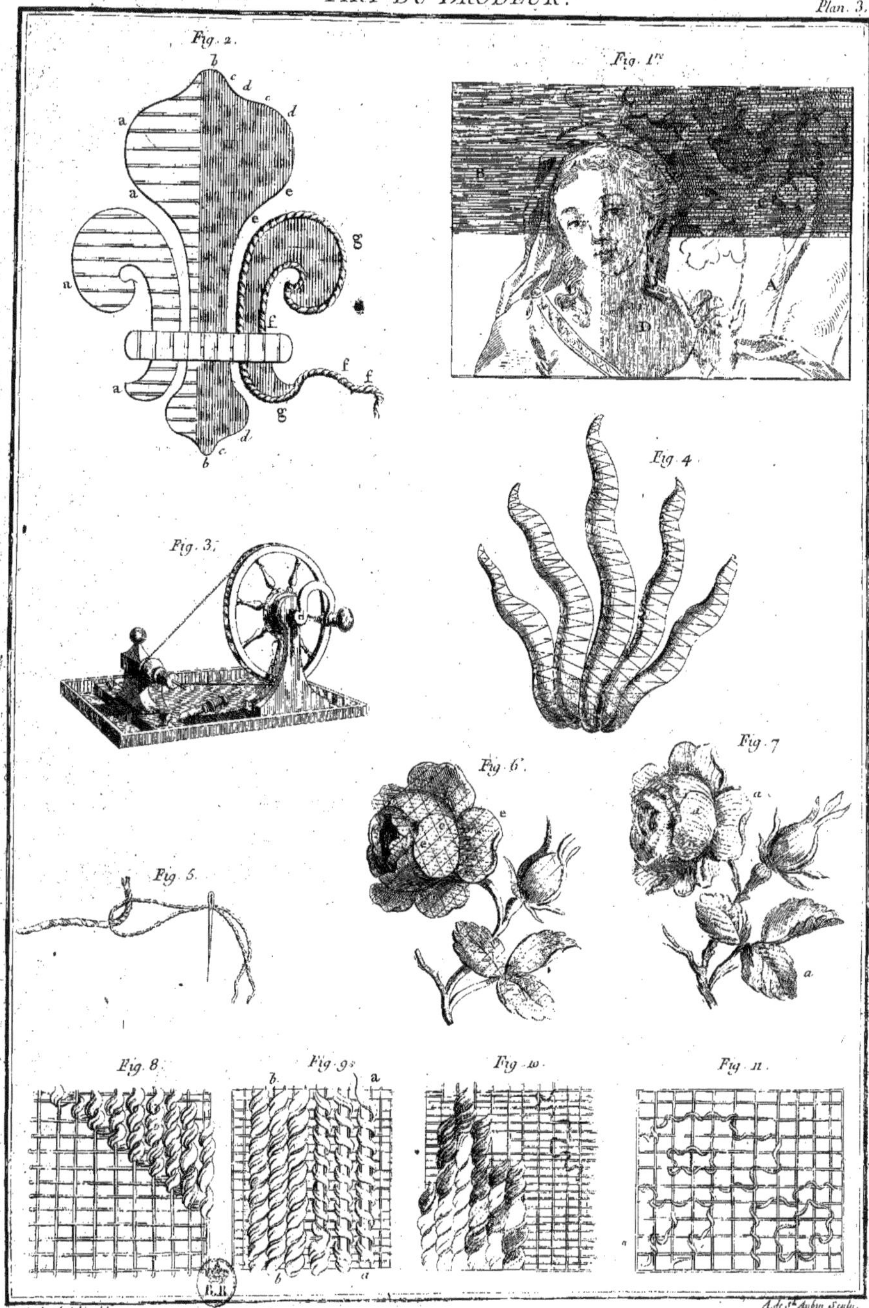

Fig. 2.
Fig. 1er.
Fig. 4.
Fig. 3.
Fig. 6.
Fig. 7.
Fig. 5.
Fig. 8.
Fig. 9.
Fig. 10.
Fig. 11.

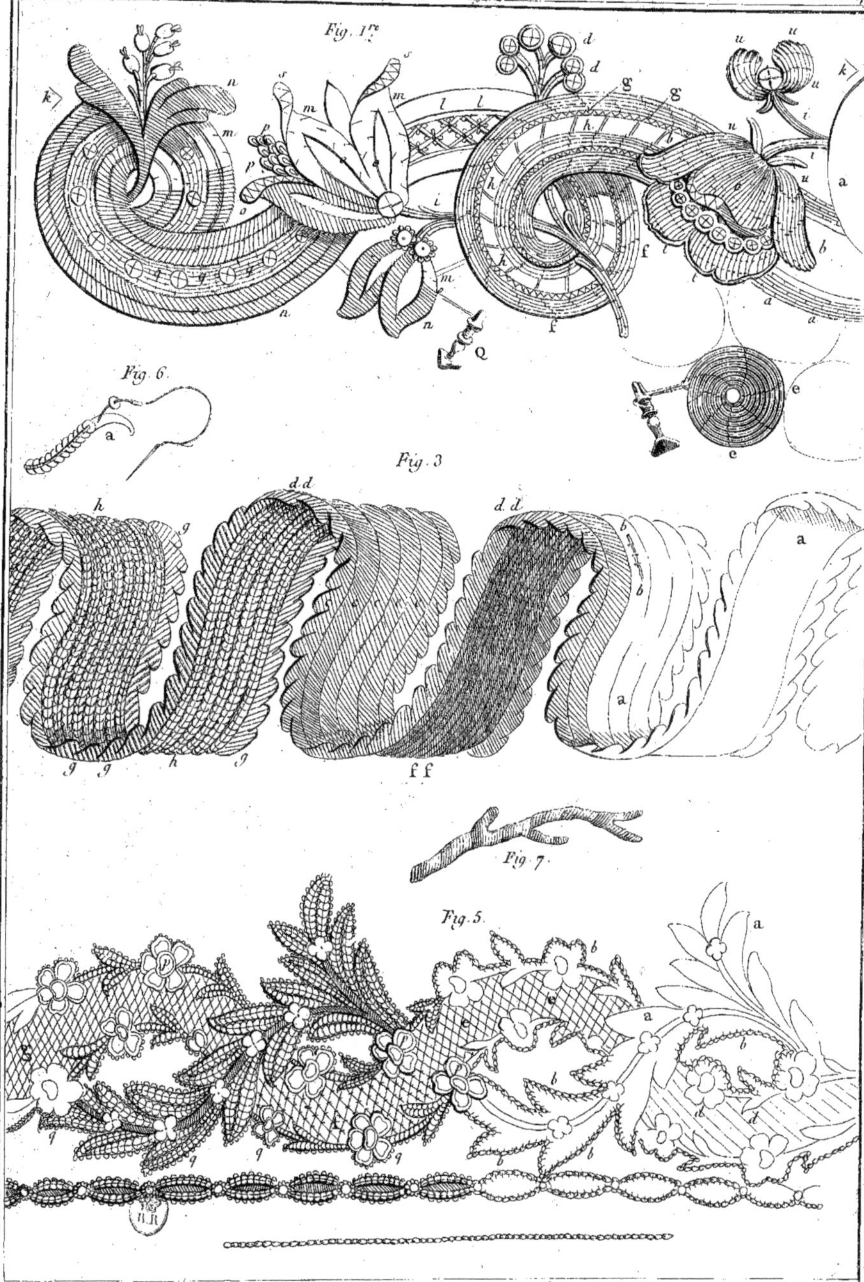
Fig. 1re.
Fig. 6.
Fig. 3.
Fig. 7.
Fig. 5.

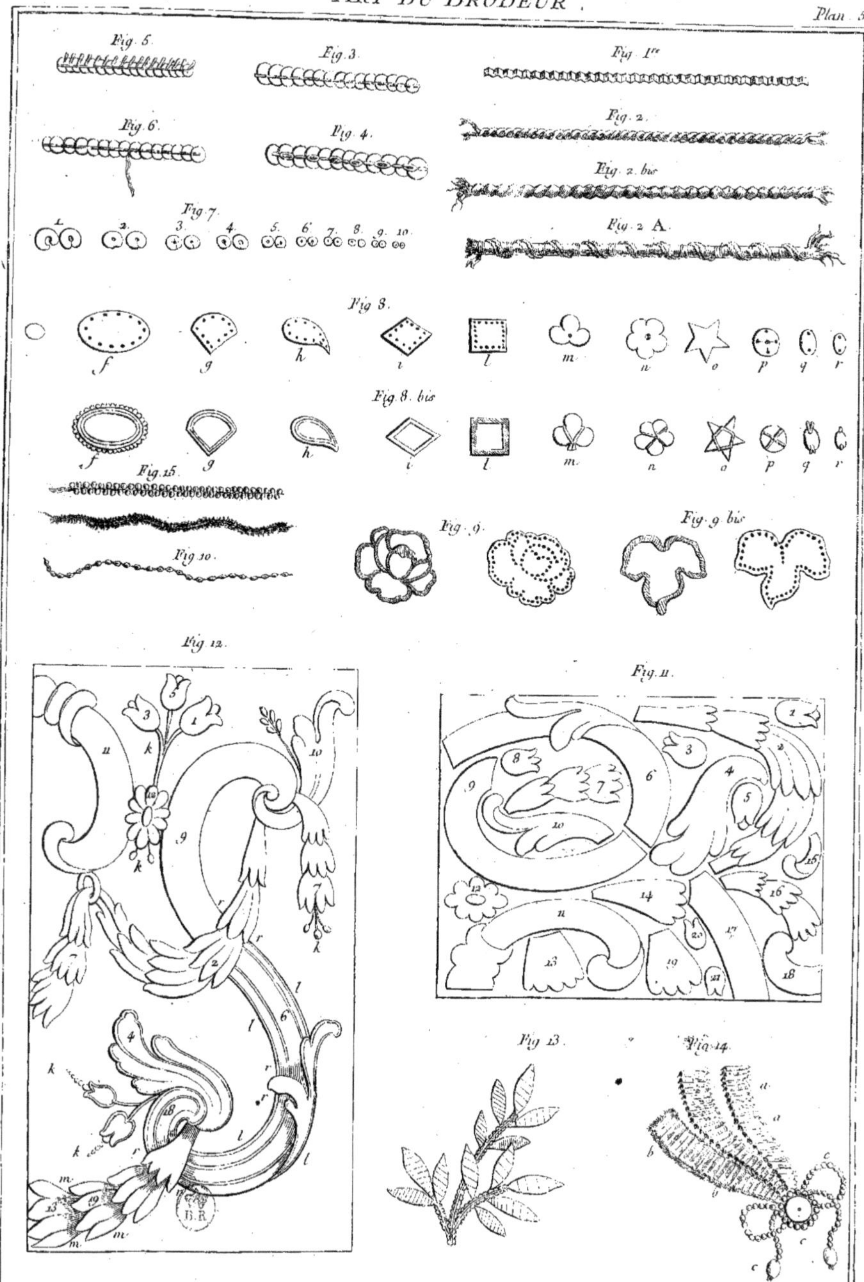

Fig. 5.
Fig. 3.
Fig. 1re.
Fig. 6.
Fig. 4.
Fig. 2.
Fig. 2. bis
Fig. 2. A.
Fig. 7.
Fig. 8.
Fig. 8. bis
Fig. 15.
Fig. 10.
Fig. 9.
Fig. 9. bis
Fig. 12.
Fig. 11.
Fig. 13.
Fig. 14.

C. G. de St. Aubin del.

A. de St. Aubin sculp.

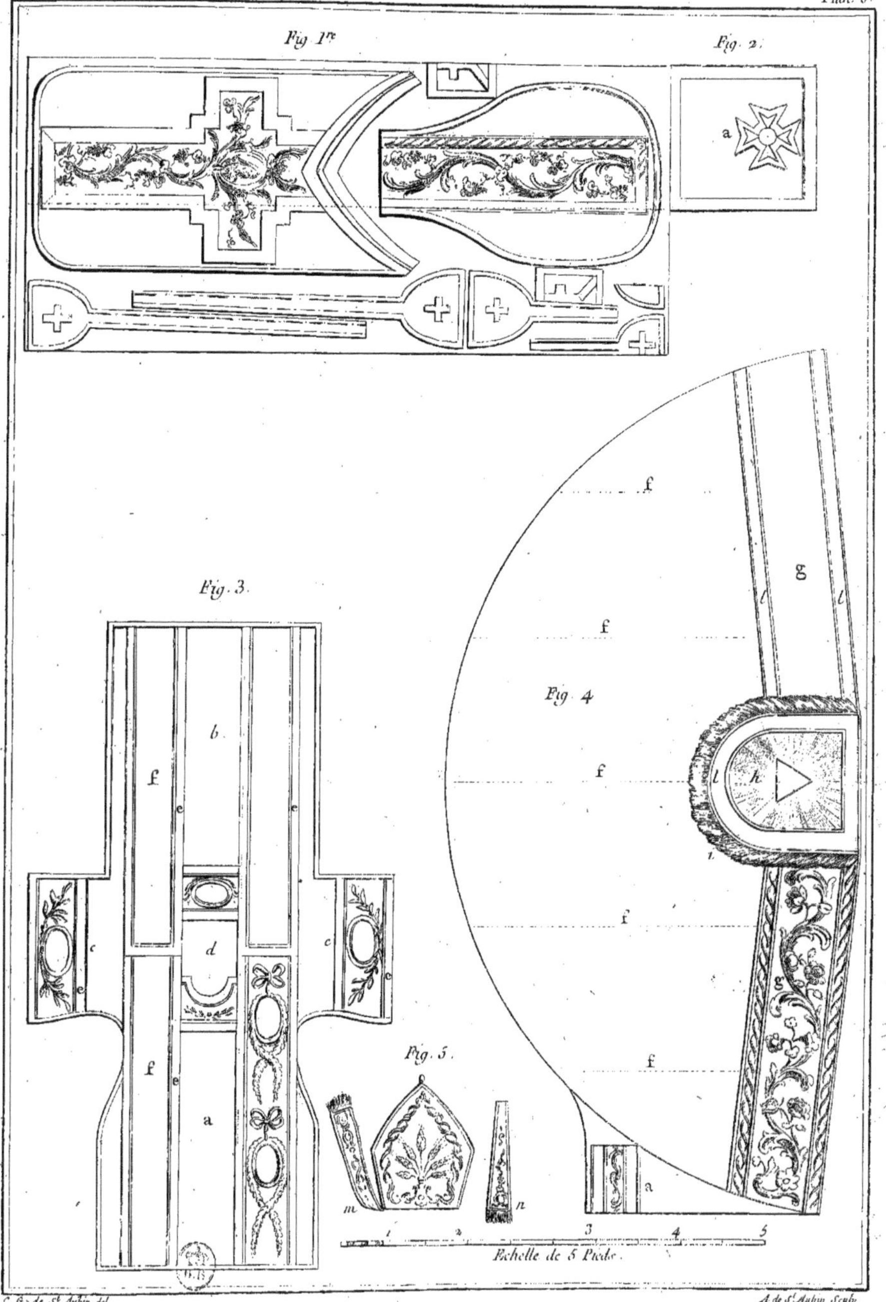
Fig. 1re
Fig. 2.
a
Fig. 3.
b
f
e e
c c
d
c
e
f e
a
Fig. 4.
f
f
f
g
l l
l h
i
f
g
f
a
Fig. 5.
m
n
a
1 2 3 4 5
Echelle de 5 Pieds.

C. G. de St. Aubin del.

A. de St. Aubin Sculp.

Fig. 1.

Habit à Brevet uniforme Etabli par Louis XIV.

Fig. 2.

*Superbe Habit que portoit le Marechal de Villeroy à la visite
que le Roy rendit au Czar à l'Hôtel de Lesdiguieres en 1717.*

C. G. de St Aubin del.   A. de St Aubin Sculp.

Dessein de BRO. Exécuté pour le Roy en 1730 et trouvé très beau.

Fig. 1.re

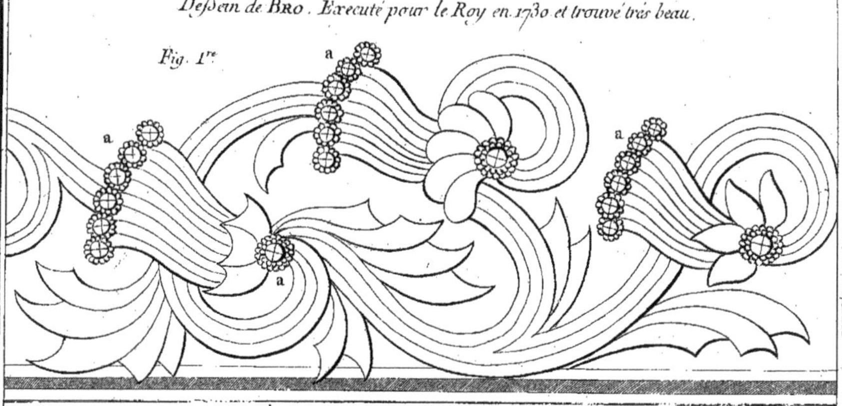

Dessein de St. AUBIN Exécuté pour Mgr. le Dauphin le jour de son Mariage en 1747

Fig. 2.

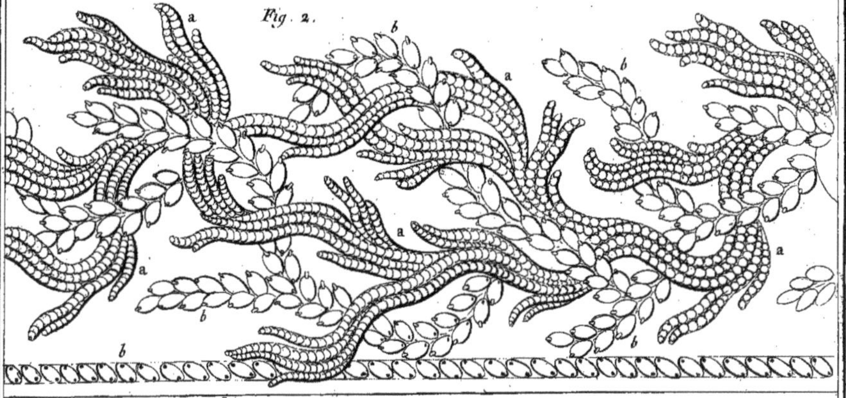

Dessein de St. Aubin exécuté en chainette 1768.

Fig. 3.

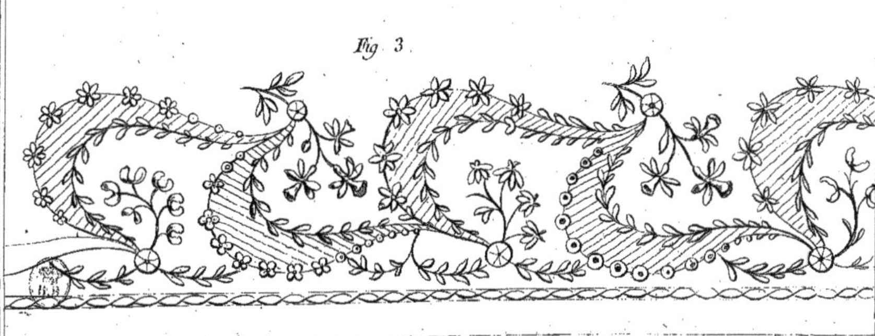

1.er Habit de Mariage de M.gr le Dauphin 1770.
Fig. 1.re
de S.t Aubin inv.
Habit pour M.gr le Comte de Provence 1770.
Fig. 2.
de S.t Aubin inv.
3.e Habit de Mariage de M.gr le Dauphin 1770.
Fig. 3.
de S.t Aubin inv.
A de S.t Aubin Sculp.

9 782019 218577